Mit Zwillingen fing es an

Mit Zwillingen fing es an

Aus dem Tagebuch einer Hebamme

Verlag des Weissen Kreuzes

Titel der früheren Ausgaben: «40 Jahre Storchentante»
Letztmals erschienen im Paulus Verlag, Recklinghausen

Gekürzt und überarbeitet von E. und M. Gollub und Mitarbeitern

3. Auflage 1977, 11.–15. Tausend

Verlag des Weißen Kreuzes
Schweiz: Lindhübelstraße 45, 5724 Dürrenäsch
Deutschland: Am Rain 1, 3500 Kassel-Harleshausen

Lizenz: Weißkreuz-Verlag, CH - 5724 Dürrenäsch

Foto: Furter, Davos
Umschlaggrafik: Dössegger, Seon
Druck: Haupt, Basel

ISBN 3 85976 001 7
Printed in Switzerland

Vorwort

Von jedem Baum ein Blatt – zusammengetragen zu einem bunten Strauß. So etwa mutet dieses «Tagebuch» an. Die Verfasserin hält aus der reichen Erfahrung ihres Berufes einige markante Beispiele fest.

Sie lebte in der Zeit um die letzte Jahrhundertwende, die für uns schon recht weit zurückliegt. Trotzdem steckt hinter diesen originellen und wahren Erlebnissen viel Lebensweisheit, die noch heute ihre volle Gültigkeit hat und zum Nachdenken veranlaßt.

Andererseits wird der trockene Humor dem Leser nicht selten ein Schmunzeln entlocken.

Wenn sich heute die Verhältnisse und Lebensauffassungen in verschiedener Hinsicht wesentlich geändert haben, bleiben doch die vorgezeichneten Grundwahrheiten bestehen. Die Ehe-, Familien- und Erziehungsprobleme sind dieselben geblieben, und ohne Schaden für den einzelnen, aber auch für Volk und Land, werden die göttlichen Gesetze nicht mißachtet.

Wir schließen uns dem Wunsch der Verfasserin an, das Buch möge mithelfen, den Sinn für eine gesunde Ehe und Familie da und dort neu zu wecken.

Otto Zwygart, Nationalrat

Ich, die Lisbeth Burger, bin nun vierzig Jahre Hebamme gewesen in einem großen Landort. Da gibt es allerhand Bevölkerung. Nicht nur kleine und große Bauern und Arbeiter. Auch Handwerker und Geschäftsleute aller Art bis zum Doktor und Apotheker; Beamte bis zum Direktor und Oberförster. Seit Jahrzehnten stehen große Fabriken eine knappe Viertelstunde entfernt und Arbeiterkolonien dabei, so daß wir auch mit allem bedacht wurden, was die Industrie so mit sich bringt. Da habe ich viel erlebt. Was mir das Wichtigste schien, habe ich aufgeschrieben. Und nun will ich versuchen, etwas davon zu erzählen. Denn ich glaube, daß gar manches Ereignis allen Frauen und Männern, den jungen wie den alten, etwas zu sagen hat.

Kein Geschäft für ein rechtes Mädchen

Als ich auf die dreißig zuging, ist in unserem Ort etwas passiert. Was es war, weiß ich nicht. Es lag damals ein tiefer, geheimnisvoller Schleier über solchen Dingen, den niemand sich zu lüften getraute, wer nicht verheiratet war und als ein anständiges Mädchen gelten wollte. Ich weiß nur, daß eine Mutter bei der Geburt gestorben ist und daß der Hebamme unseres Ortes die Schuld zugesprochen wurde.

Diese Hebamme war eine alte Frau von 76 Jahren; etwas zitterig schon vom Ansehen. Sie hatte selbst zehn Kinder großgezogen und bis vor einigen Jahren einen Mann unterhalten müssen, der seine Lebtage gern sehr viel getrunken und sehr wenig gearbeitet hatte. Nun war er tot. Die Kinder waren aus dem Haus und ihre eigenen Wege gegangen. Niemand kümmerte sich um die alte Mutter. Manche wollten wissen, daß sie in die Fußstapfen ihres Mannes geraten sei und die Flasche mehr liebe, als gut war. Jedenfalls war sie recht wunderlich geworden. Und nun war ihr das Unglück passiert, den Tod einer Mutter verschuldet zu haben. Es soll nicht der erste Fehlgriff gewesen sein, die anderen waren nur glimpflich ausgegangen.

Jedenfalls bestanden nun die Ärzte der Gemeinde und der Oberamtsarzt ganz energisch darauf, daß eine neue, junge Hebamme ausgebildet werde. Die im Nachbarort war verheiratet und alle Jahre selbst im Wochenbett, gewöhnlich dann, wenn man sie bei uns brauchte. Infolge der neu eingeführten Industrie war unsere Gemeinde im Wachsen begriffen. Und die Frauen unterhielten sich nun sehr eifrig darüber, wer ihre Hebamme werden sollte. Aber sie fanden keine in ihren Reihen, welche die Bürde auf sich nehmen wollte.

Mein Vater war Lehrer gewesen, aber leider bei einer Typhusepidemie sehr jung gestorben. Nun war mein Bruder gerade ins Seminar gekommen. Eine stets kränkliche Schwester war zu Hause. Ich hatte das Nähen gelernt, den einzigen damals auf dem Lande möglichen Frauenberuf, und suchte nun die knappe Pension zu ergänzen. Ein saures Brot; denn es waren schon drei alte Näherinnen am Ort, und die Landfrauen trugen noch ihre Tracht, die Jahrzehnte überdauerte. Die Werktagskleidung machten sich die meisten selbst.

Da kam eines Tages der Herr Pfarrer zu uns. Ganz feierlich sah er aus, als wollte er einen von uns begraben.

«Lisbeth, ich hab' ein ernstes Wort mit dir zu reden...» Herrschaft, wird doch kein Heiratsantrag sein! denk' ich. Hab' mir die Sache doch schon lang' anders überlegt. Doch er ließ mich nicht lange zappeln. «Du wirst es gehört haben, daß wir hier eine neue Hebamme brauchen. Nun habe ich heut' im Gemeinderat gesagt, man soll dich fortschicken, es zu lernen...»

«Aber, lieber Gott, Herr Pfarrer...»: das war ja noch viel schlimmer, als ich befürchtet hatte. Unsereiner Hebamme werden...

«Es kostet nichts. Die Gemeinde trägt die Kosten der Ausbildung in der Hebammenschule. Es sind etwa 80 Geburten hier im Jahr. Und die Taxe ist heute zwölf Mark. Ist ein schönes Einkommen – selbst wenn eine arme Frau auch einmal nicht so viel zahlen kann. Mit dem Nähen verdienst du ja doch das Salz in der Wassersuppe nicht.»

«Wär' schon recht, Herr Pfarrer», mischte sich nun meine Mutter drein. «Aber dazu hab' ich meine Lisbeth nicht aufgezogen... nein, dazu nicht! Sie soll was Rechtes sein und bleiben – und das ist kein Handwerk für ein rechtes Mädchen...»

«Was Rechtes, Frau Burger..., was reden Sie da von was Rechtem? Ist etwa Hebamme sein nicht ganz was Rechtes? So den Frauen helfen in ihrer schweren Stunde. Wie seid ihr Frauen da allemal froh, wenn wer Rechtes bei euch ist, auf den ihr euch verlassen könnt – oder nicht? Und die Kindlein auf die Welt setzen helfen! Gibt doch kaum einen schöneren Beruf für eine Frau, die nicht selbst Mutter ist, als gerade da Mutter und Kind zu helfen und sie zu betreuen. Und ein herrlich ernster Beruf! Hat stets zwei Menschenleben in der Hand: Mutter und Kind. Wüßte mir nicht viel Schöneres zu wünschen, wenn ich eine Frau wäre und nicht selbst verheiratet, nicht selbst Mutter.»

«Es ist aber kein Geschäft für ein rechtes Mädchen. Die sollen von der Sache gar nichts wissen, wenn sie nicht verheiratet sind...»

«Aber, Frau Burger, Ihre Lisbeth ist doch kein Kind mehr. Bald dreißig. Könnte ja selbst schon vier Kinder haben, wenn sie so bald geheiratet hätte wie andere.»

«Jetzt hat sie das aber nicht – und da hat sie mit der Sache nichts zu schaffen. Nein, ich leid's nicht, daß meine Tochter sich dazu hergibt...»

«Wie ihr immer redet, Frau Burger: der Sache... der Sache...» Der alte Herr Pfarrer wurde richtig ärgerlich, was selten geschah. «Ist es denn etwa eine Sünd', daß Kinder auf die Welt kommen in einer rechten Ehe? Oder hat nicht etwa unser Herrgott es so eingerichtet? Gottes Werke sind gut; sie sind immer gut. Böse sind nur die Gedanken der Menschen und darum auch ihre Werke. Jetzt soll ein guter Mensch bei uns Hebamme werden, daß Gottes ganzer Segen dabei sein kann. Eine Ledige kann dem Beruf viel besser nachgehen. Ist nicht selbst gebunden durch Mutterpflichten und Hausarbeit, besonders wenn noch mehr Frauen im Haus sind, wie bei Euch hier. Die Lisbeth kann ganz frei sein für die anderen.»

«Aber es schickt sich einfach nicht...»

«Reine Hände und ein reines Herz gehören zu solch einem verantwortungsvollen Beruf. Und ein klarer Kopf, der sich nicht von allem gleich durcheinanderbringen läßt und voller dummer Gedanken steckt. Und schließlich auch noch eine Frauensperson, die den Mund halten kann und in allen Stücken das Herz auf dem rechten Fleck hat. Überhaupt, Frau Burger, ich hab' gesagt im Gemeinderat, die Lisbeth geht. Und ihr dürft mich nicht blamieren im ganzen Ort. Der Schultheiß ist schon unterwegs nach der Hebammenschule, daß sie noch im Oktober in den Kurs kommt, weil eine Änderung hier nun eben notwendig ist. Sonst geht es wieder ein Jahr. Das könntet Ihr gar nicht verantworten, wenn nochmals so was passiert wie kürzlich.»

«Und wenn mein Mädchen verdorben wird, wer verantwortet es dann?»

«Ich, Frau Burger. Ich garantiere dafür, daß die Lisbeth eine recht brave Hebamme wird – allen Frauen und Kindlein zum Segen – und gar keinen Schaden daran nimmt an Leib und Seel'. Also bis in acht Tagen bist du marschbereit, verstanden?»

«Ja, aber, Herr Pfarrer – ich glaub' ja schon, daß alles richtig ist, was Ihr sagt... Aber ich weiß doch gar nicht, was eine Hebamme eigentlich zu tun hat auf der Welt...»

«Kind Gottes, zu helfen, daß das Kindlein richtig auf die Welt kommt und die Mutter keinen Schaden nimmt. Und das Kindlein richten und versorgen – das kommt doch nicht mitsamt den Windeln vom Himmel herunter...»

«Ich weiß aber doch gar nicht, wie – wie...»

«Das wirst dann schon lernen, wie und was. Bist in der Schule immer die Erste gewesen, wirst auch das begreifen. Und deine Mutter kann dir schon etwas sagen ...»

«Davon spricht man nicht, Herr Pfarrer. Meine Mutter hat das auch nicht getan», sagte meine Mutter kurz und bündig. Und ich wagte noch einen letzten Einwand – denn eigentlich war mir grausig angst und bange vor dem Geheimnisvollen, in das ich da hineinbugsiert werden sollte.

«Es ist aber doch eine Sünd' für – unsereinen ...»

«So, das hast du aber nicht bei mir im Katechismus gelernt. Und glaubst du, dann würd' ich dich dazu schicken? Zu wissen, wie ein Kindlein auf die Welt kommt, ist eines jeden erwachsenen Menschen gutes Recht. Gottes Werke darf jeder kennen, der alt genug ist, sie zu verstehen. Und zu helfen dabei, gleichsam Gottes Handlanger zu sein – ist eine große Ehre für einen Menschen. Eine Sünd' ist nur, sein Wissen zu mißbrauchen zu allerhand unrechten Dingen. Das wirst du bald verstehen und unterscheiden lernen.»

Wir redeten noch eine Weile hin und her. Und schließlich – obwohl es meine Mutter eigentlich immer noch nicht zugeben wollte – bin ich acht Tage später nach der Hebammenschule abgereist. Die Frau des Hauptlehrers, die aus der Stadt gebürtig war, brachte mich hin, weil weder die Mutter noch ich sich dort auskannten.

Wir waren vierzehn neue Schülerinnen. Zu dritt wohnten wir in einem kleinen Zimmer. Und am Abend und beim Nachtessen saßen wir beisammen um den Tisch und wußten nicht, was wir einander sagen sollten. Am anderen Morgen im Lehrsaal mußten wir uns dem Alphabet nach aufstellen. Da kam ich zuerst. Der Direktor hielt uns eine Ansprache über den Ernst des Berufes, daß einem ordentlich das Herz schwer wurde. Dann fragte er mich:

«Haben Sie schon geboren?»

Herrschaft ... einen so etwas zu fragen! Was dachte der denn von mir ... In tödlicher Verlegenheit stotterte ich: «Nein ... unser Herr Pfarrer hat gesagt ... das sei nicht notwendig ...»

Einige lachten. Der Direktor aber sagte sehr ernst und bestimmt:

«Ganz richtig. Es ist durchaus nicht notwendig, um den Beruf recht zu erfassen und recht zu erfüllen. Ich freue mich stets darüber, wenn Jungfrauen ihre ganze Kraft in den Dienst der Mütter und Kinder stellen.»

Wir waren aber nur drei. Die meisten waren verheiratete Frauen, und vier waren uneheliche Mütter. Da ging mir so langsam ein Lichtlein auf, weshalb meine Mutter mich nicht Hebamme werden lassen wollte. Uns dreien hielt der alte Herr Direktor eine besondere Lehrstunde, ehe der Unterricht begann. Dafür bin ich ihm heute noch dankbar. Er hat uns alles, was wir nicht wußten, so nett gesagt, daß wir hinterher eigentlich gar nicht so große Schwierigkeiten hatten wegen unserer Dummheit.

Damals habe ich oft gedacht, es ist nicht recht, daß unsere Mütter uns Mädchen so dumm in der Welt herumlaufen lassen, wenn wir einmal erwachsen sind. Es ist doch etwas Liebes, ein Kindlein zu kriegen in einer rechten Ehe, wenn man daran denkt, daß Gott die Seele dazu erschafft und sie gleichsam der Mutter unter das Herz legt...

Wir mußten fest anfassen bei Tag und bei Nacht. Die Zeit ging so schnell vorbei. Nur fünf Monate durfte man damals lernen. Dann kam das Examen. Wir erhielten unser Diplom. Die Gemeinde hatte mir den Auftrag gegeben, mir eine ganz neue und zeitgemäße Ausrüstung mitzubringen. Und so kam ich in den ersten Märztagen wieder heim, als gerade die Starmätzchen den ersten Frühjahrsbesuch machten.

Meine Mutter stand zum Empfang an der Bahn. Und überall schauten neugierige Augen hinter den Gardinen zu den Fenstern heraus, als wir miteinander durch das Dorf gingen. Ungläubig die Frauen; ihnen wollte es nicht recht einleuchten, daß nun ein lediges Ding ihre Hebamme sein sollte. Staunend die Mädchen, die mich ordentlich um mein Wissen beneideten. Harmlos freudig die Kinder.

«Guck, da kommt die neue Storchentante!» rief so ein Wichtlein gerade seinem Spielgenossen zu.

Das fängt ja gut an ...

Am Samstagabend der ersten Woche – es war schon spät, und wir wollten eben zu Bett gehen – kam der Stationsvorsteher. Ob ich nicht zu ihm kommen wolle? Es würde wohl nicht Tag werden, bis seine Frau mich brauche. Da sei es doch besser, ich warte bei ihm in der warmen Stube, statt daß er mich mitten in der Nacht holen kommen müsse.

«Selbstverständlich gehe ich gleich mit. Muß nur eben meine Schuhe wieder anziehen.» Ich bin ja so froh, daß gleich die Arbeit anfängt; daß der Widerstand der Frauen gegen die junge, ledige Hebamme nicht gar zu steif und eingesessen werden kann.

«Das letzte Mal ist es so schnell gegangen, daß ich selbst die Hebamme sein mußte. Bis die alte Babett kam, war alles vorbei. Sie hat nur noch das Kindlein baden müssen ...», erzählte indessen der Vater.

«Ihr habt nun schon drei?» fragte meine Mutter.

«Ja, zwei Mädchen und einen Buben. Will sehen, was die Lisbeth nun dazu bringt heute nacht. Ist dein erstes Geschäft hier. Das muß doch ein Junge werden!»

«Nein, ein Mädchen!»

«Natürlich – die Frauen halten immer zusammen gegen uns!»

«Lisbeth, getraust du dich wirklich...?» Meine Mutter war sehr aufgeregt.

«Aber, Mutter, ich hab es doch gelernt. Sei ohne Sorge! Der Herr Pfarrer hat gesagt, ich soll immer Gott um Hilfe rufen, wenn ich meinem Beruf nachgehe; dann wird es gewiß recht werden.»

«Mir ist es gar nicht recht, daß man das Mädchen in den Beruf hineinbugsiert hat», jammerte meine Mutter wieder. «Was da alles passieren kann... Ich hab keine Ruh, bis sie wieder da ist...» Inzwischen bin ich reisefertig geworden. Der Stationsvorsteher ergreift Partei für mich.

«Sie hat es doch gelernt, Frau Burger. Schaut, da hab ich einen ganz jungen Bahnanwärter bekommen. Hab gedacht, so ein Muttersöhnchen wird auch für was zu brauchen sein. Und vorgestern ist eine Weiche nicht in Ordnung. Niemand merkt es als der Bursche. Sonst wären hier zwei Züge schwer zusammengestoßen. Er hat seine Sache recht gelernt und darum auch recht gemacht. Einmal muß jeder daran, auf eigenen Füßen zu stehen.»

«Soll ich nicht der Babett sagen, sie soll mit dir gehen...?»

«Aber, Mutter, die Schande darfst du mir doch nicht antun! Da wäre ich ja für alle Zeiten ganz unmöglich gemacht im Dorf. Die Frauen sind so schon voreingenommen gegen mich, nur weil ich ein Mädchen bin. – Leg dich nur schön in dein Bett und schlaf. Und wenn du erwachst heute nacht, dann denk an Gott, der helfen wird. Behüt dich Gott, Mutter!»

Das Stationsgebäude liegt weit draußen vor dem Ort. Als wir so miteinander dahinschreiten, begegnen uns einige Männer, die aus der Wirtschaft kommen. Ein gutmütig Spotten: «Kommt es wieder mit dem Schnellzug an?» «Schaff' dein Meisterstück nur recht zum Einstand bei uns!» ruft mir der Schultheiß noch nach, der auch dabei war.

Die Frau Stationsvorsteher steht unter der Eingangstüre zu ihrer Wohnung, als wir die Treppe hinaufkommen, und putzt den messingnen Glockenzug blitzblank. Sie lacht uns entgegen. «Wenn die Leut' morgen zum Gratulieren kommen, muß alles einen rechten Schlag haben. Meine Schwägerin kommt erst gegen Morgen mit dem Nachtzug.»

Sie beißt die Zähne zusammen und krümmt sich in den Wehen, die schon seit drei Stunden immer stärker auftreten, wie sie mir dann gesteht.

«Ist doch eine recht ungemütliche Sache, was wir der alten Eva da zu danken haben – mit ihrem verflixten Apfel ...», lacht sie aber sogleich wieder. In der Stube steht der Tisch gedeckt. «Mein Mann hat vom Spätdienst weg dich holen müssen, Lisbeth. Wir wollen nun noch ein gemütliches Täßchen Kaffee zusammen trinken. Wenn man so von draußen kommt, tut das immer gut.»

Sie läßt es sich nicht nehmen, ihre Hausfrauenarbeit zu tun. Zwischendurch aber beißt sie die Zähne zusammen; greift mit den Händen in den Rücken, wenn die zerrenden, reißenden Schmerzen wieder losbrechen.

«Eine Mutter darf sich nicht gleich so gehen lassen. Das geht schon vorbei...», lehnt sie unser Bedauern ab, «dafür bekomme ich ja auch das Kindlein!» Die Mutteraugen leuchten schon wieder in erwartungsvoller Freude.

«Werden morgen früh Peter und Gret und Lieselotte Augen machen, wenn so ein ganz Kleines da im Bettlein liegt! Sie fragen ja alle Tage, ob es noch nicht bald kommt. Bringen mich schier um vor Ungeduld.»

Schneeweiß bezogen steht der Korb für das Kleine gerichtet. Wäsche und Windeln, Watte und Babyöl, Wasser und Badewännchen, was nur immer gebraucht werden kann, hat die Mutter zurechtgestellt. Es sei ja nicht das erste, bemerkt sie auf meine lobende Anerkennung. Da wisse man schon so ein wenig, was und wie...

Wir plaudern noch ein Weilchen hin und her. Die Zeit vergeht schneller dabei. Dann schickt die Frau Stationsvorsteher ihren Mann ins Bett. «Sei vernünftig, Peter, und geh schlafen. Kannst mir ja doch nicht helfen. Die Lisbeth ist ja da. Wir zwei werden schon fertig werden, und wenn nicht, dann rufen wir dich. Aber du mußt morgen den Kopf wieder klar haben. Es ist Sonntag und mehr Verkehr als sonst...»

Nach einigem Widerreden gab der Vater nach. Sie hatten sein Bett ins Kinderzimmer gestellt für diese Zeit. So wünschte er uns gute Nacht. Seiner Frau gab er den Abendsegen und sagte: «Auch einen Segen für unser Kind.» Ich dachte dabei, ein Kind, das schon mit solch gemeinsamer Elternliebe und Elterntreue und Sorge umgeben wird, ehe es nur geboren ist, muß doch ein Segenskind werden. An einem Mann, der seine Vaterschaft so auffaßt, hat die Mutter eine Stütze und einen Halt. Der wird ihr nie die Sorge um das Kind und die Verantwortung dafür allein zuschieben.

«Du rufst mich aber...»

«Sobald wir dich brauchen, ganz gewiß. Wirst das Mädchen schon schreien hören...», setzte sie neckend hinzu.

«Sagt die auch ein Mädchen! – Nix Mädchen – einen Buben will ich...!»

«Männer haben viel mehr Angst als wir – was rechte Männer sind...», sagte die Mutter, als der Vater gegangen war.

«Jetzt schenkt uns der liebe Gott ein Kindlein, und da will ich nicht wehleidig sein. Wenn es auch hart hergeht...»

Da die Wehen immer heftiger wurden, bestand ich nun doch darauf, daß die Mutter auch zu Bett gehen müsse. In immer kürzeren Abständen setzten die Schmerzen ein. Die Hände krampften sich in die Dekke. Wie eine Welle raste die Qual durch den Leib, daß die Mutter mit den Zähnen knirschte und in ein leises Stöhnen ausbrach, wenn die Wehen den Höhepunkt erreichten. Kaum aber ebbten sie etwas ab, da wischte sich die tapfere Frau die Tränen aus den Augen.

«Das Leben ist so hart... das Kindlein weint, wenn es auf die Welt kommt... Nein, die Mutter soll nicht auch weinen. Einen frohen Gruß soll sie ihm geben... Liebe soll froh sein und lachen...»

«Wie soll das Kleine denn heißen?»

«Josef oder Josefine – je nachdem. Will doch sehen, wer nun recht bekommt, der Vater oder ich. Ob er den Buben bekommt oder ich das Mädchen...»

Um drei Uhr morgens hatten die Schmerzen ihren Höhepunkt erreicht. Wir sprachen nun nichts mehr miteinander. Die Mutter war so in dem Weh begraben – und mich hatte doch eine tiefe Erregung erfaßt. Zum erstenmal allein in solch einer Stunde mit Mutter und Kind. Mir war es, als faßte meine Seele mit tausend Händen nach dem Vater im Himmel... Dann war der Josef da.

Matt und erschöpft lag die Mutter in den Kissen. Doch wie ich das quiekende Bürschlein wasche und richte, flammen plötzlich aufs neue die Wehen bei der Mutter auf, rütteln und schütteln den müden Leib in immer stärker anstürmenden Wellen.

Und das Josefinchen kam in einer halben Stunde nach. Da lachten wir beide. Die Mutter mit Tränen in den Augen. Josef und Josefine: ein salomonisches Urteil, fürwahr! Nun hatten Vater und Mutter ihren Wunsch erfüllt. Und wie ich der Mutter auch das zweite Bündelchen zureiche, macht sie ein Kreuzlein auf die gerunzelte Stirn. Der erste Muttersegen. Und küßt das Kleine: «Bist uns gerade so lieb wie dein Brüderlein. Brauchst keine Angst zu haben, weil du hintendrein gekommen bist...»

Ganz erschöpft schlief sie ein.

War das eine Überraschung, als der Stationsvorsteher früh um halb sechs Uhr zum Dienst wollte und das Pärchen so rosig wie Marzipan in dem weißen Korb sah. Und als einige Stunden später die drei Geschwister den Segen bestaunten, konnte das Fragen und Bewundern kein Ende finden. Sechs kleine Händchen streichelten die kleinen Wesen in dem Korb. Drei kleine Mündchen küßten sie so lange, bis sie zu weinen anfingen ob dieser ungewohnten und noch unverstandenen Zärtlichkeit.

Dem Tod entrissen

Ordentlich stolz auf meine Leistung bin ich am Sonntagmorgen nach Hause gegangen. Die Meinen saßen gerade beim Morgenkaffee. «Hast du es wirklich gut gemacht...?» war der Mutter erstes Wort.

«Ja, freilich, Mutter. Und gleich zwei. Einen Knaben und ein Mädchen.» Als wir zusammen zur Kirche gingen, war die Neuigkeit schon durch den Ort geeilt. Überall gab es ein Fragen und Necken, als ob ich wirklich für den doppelten Segen verantwortlich wäre. Und ich quittierte mit gleicher Münze: «Da könnt ihr sehen, daß ich meine Sache recht gelernt habe. Ihr traut mir ja doch nur halb.» So kam ich am besten weg und hatte die Lacher auf meiner Seite. –

Ein paar Tage danach kam der Bauer vom Brandhof um drei Uhr morgens. «Um Gottes willen, was ist?» Mutter war ganz außer sich vor Schreck, als die Glocke bei Nacht gezogen wurde.

«Ach, das wird für mich sein, Mutter. Da mußt du dich nun schon daran gewöhnen, daß so etwas kommt.»

Ich werfe ein Tuch um und schaue zum Fenster hinaus. «Lisbeth, komm auch mit zu meiner Frau.»

Es ist noch ganz Nacht. Funkelnde Sternlein stehen dicht gedrängt am Himmel. Ich denke, so muß es einst in Bethlehem gewesen sein, als Maria und Josef Herberge suchten für das Kindlein, das kommen sollte. Als wir so unseres Weges schritten, sagte der Brandhofer:

«Lisbeth, es ist mir ja arg unangenehm – aber die Babett ist schon da. Das ging so: ich schick unsere Marie am Abend ins Dorf. ‚Geh und sag, die Lisbeth soll kommen.' Da geht der Fratz die Babett holen. Und wie ich das merke und schimpfe, da sagt sie: ja, die Lisbeth bringt doch gleich zwei Kinder ins Haus, und wir haben mit einem gerade genug... Eines ist genug Geschäft zum Windelwaschen und genug Geschrei. Was man mit Kindern alles erleben kann...» Ich denke, ja das kommt davon, wenn man so dummes Zeug an sie redet, daß ich die Kindlein bringe. Zu dem Bauer aber sage ich: «Ja, Brandhofer, das geht aber doch nicht, daß zwei Hebammen da sind. Denkt doch, wie das für die Babett nun aussieht...»

«Ach, die sitzt am Ofen und schläft wie eine Ratz. Glaub', sie ist nicht ganz nüchtern gewesen, als sie kam. Hat zuerst gevespert, und unser neuer Most ist stark. Ist hinterm Ofen eingeschlafen. Meine Frau hat zehnmal gerufen, und ich hab' sie gerüttelt und geschüttelt – aber sie wird nicht hell. Da sagt meine Frau: Jakob, hol mir doch die Lisbeth. Wenn die arme, alte Frau nun so verschlafen ist – ich trau' ihr dann halt nicht. Es ist dieses Mal nicht wie sonst.»

«Wenn es nur wegen der Taxe ist – dann in Gottes Namen. Meine Frau ist mir wichtiger», sagt der Bauer in meine Gedanken hinein. «Werd' ein Kalb verkaufen müssen am nächsten Markttag...»

Die Brandhoferin hatte leider recht. Es war wirklich nicht in Ordnung dieses Mal. Das Kind hatte eine falsche Lage. Aber es war zu spät für mich, einzugreifen. Die Geburt war schon so weit vorgeschritten, daß nichts zu ändern war.

«Brandhofer, Ihr müßt den Arzt holen. Es gibt eine Zangengeburt und ist höchste Zeit. Hättet mich früher rufen müssen.»

«Der alte Doktor Wille geht nicht mehr aus bei Nacht, und sein Sohn ist verreist. So muß ich halt den Doktor Marx rufen. In Gottes Namen – da kann er ja nicht viel schaden...»

Marx war vor zwei Jahren zugezogen. Manche sagten, er sei vorher im Zuchthaus gewesen. Ich wußte damals noch nicht, wie die Dinge lagen.

Unser Herr Pfarrer hatte zu mir gesagt, zu dem sollte ich keine schwangere Mutter und überhaupt keine Frau schicken. Aber nun, wo es um Leben und Tod ging, hatten wir keine Wahl.

Doktor Marx kam. Verdrießlich, unordentlich angezogen, mit zerzausten Haaren und schmutzigen Händen, die er erst waschen mußte. Er hätte es vielleicht nicht getan, wenn ich es ihm nicht sehr energisch gedeutet hätte. Darauf ein Blick voll Verachtung.

«So, so... zwei weise Frauen – zwei sehr weise Frauen – bringen nicht einmal den Bams heraus...», war das erste Wort, das er sagte. Ich hätte ihn ohrfeigen mögen. Redet man so in Gegenwart einer Mutter, die mit dem Tod ringt und um das Leben ihres Kindes kämpft? ...Überhaupt, der ganze Mensch sah so salopp aus. Gewiß, es war Nacht – aber trotzdem... Ich schließe nach dem Äußeren des Menschen immer auf sein Inneres, auf seine Seelenhaltung. –

So tapfer die Frau auch war, der Schmerz war größer als aller guter Wille. Der Bauer und ich mußten sie halten, niederdrücken, damit sie nicht durch gar zu heftige Bewegungen das Kind und sich noch mehr gefährde. Und als sie so gefesselt gehalten wurde, schien das Weh verdoppelt. Nichts war mehr im Raum als das Stöhnen und Wimmern der Mutter, das Bäumen und Rütteln des zermarterten Körpers. Später habe ich oft denken müssen, wenn junges Volk so zynisch und schmutzig redete, das sollten sie einmal mitmachen! Sie würden das Werden des Menschen, ihre eigene Mutter mit anderen Augen ansehen lernen! Kaum schien ein Wehensturm am Verebben zu sein, als auch schon ein neuer anbrach. –

Unter Ziehen und Stemmen, Halten, Stöhnen und Bluten kam endlich, endlich das Kind aus dem Schoß der Mutter ... Zerrissen und blutend, zu Tod erschöpft, lag die arme Frau in den Kissen ... «Nichts zu machen ...», schnarrt die harte Stimme des Arztes durch den Raum, über dem noch das Schweigen des durchlittenen Grauens lastet. Er legt das blaurot angelaufene, wohl erstickte Kind – ein Mädchen – achtlos beiseite. Wie ich mich schnell über das Kind beuge und ihm helfen will, fügt er spottend hinzu: «Hilft ihm doch nichts. Da müßten Sie schon Ihren Jesus von Nazareth holen, der ja die Toten auferwekken kann ...»

Mit einem Ruck sitzt die Mutter in den Kissen. Vergessen sind Schmerz und Not; vergessen die Gefahr, in der sie selbst noch schwebt ...

«Ruhe, Ruhe!» schreit der Arzt und versucht, sie niederzudrücken. «Lisbeth, tu doch was mit dem Kind! ... Fang doch an ... probiere es doch ... es ist gewiß nicht tot. Ich hab' noch nie ein totes Kind gehabt ... elf lebendige hab' ich in den Kissen liegen ... das zwölfte muß auch leben ...»

«Was, elf lebendige! Frau, elf Kinder! Sind Sie noch bei Trost! Seien Sie doch froh, wenn nicht noch eines dazu kommt ...»

«Und ich will kein totes Kindlein ... nun fang doch an, Lisbeth ... probier es doch ... beim Karl hat man auch gemeint, er sei tot, und der Doktor Wille hat ihn zum Leben gebracht ...»

«Das werde ich als Arzt doch wohl wissen, Frau, daß mit dem Bams da nichts zu machen ist – der ist nicht mehr lebensfähig.»

«Jetzt hab' ich soviel durchmachen müssen ... und nun soll das Kind auch leben ...» Ich glaube, im nächsten Augenblick wäre die Mutter aus dem Bett gesprungen. Es wäre ihr Tod gewesen. –

«Seid nur zufrieden, Brandhoferin, ich tu, was möglich ist ...»

Viel Hoffnung hatte ich ja selbst nicht. Aber ich fing an, an dem Kindlein zu schaffen, wie es nur immer möglich ist in solchen Fällen. Mit den Schwingungen, mit künstlicher Atmung, mit heißen und kalten Wechselbädern ... was ich in der Hebammenschule einmal gesehen hatte, wandte ich an.

«Hören Sie einmal, Frau, darüber müssen wir aber morgen noch einmal reden. Zwölf Kinder ist ja unerhört. Wie können Sie Ihre Gesundheit so ruinieren. Da muß eine Änderung geschaffen werden. Ist nur eine Kleinigkeit, daß Sie von der Last für die Zukunft befreit sind. Nach der Geburt von heute dürfen Sie nicht noch einmal soweit kommen...»

«Helfen Sie meinem Kind. Ich will kein totes ... und wenn es noch dreizehn und vierzehn werden, ist mir eins...»

Ohne noch ein Wort zu sagen, packte der Arzt zusammen und ging. Auf das Kind sah er gar nicht mehr hin. Das war für ihn eine erledigte Sache. «Guten Erfolg zur Totenerweckung!» rief er mir noch unter der Stubentüre zu. Der Bauer ballte die Faust.

«Ich möcht' ja den Hofhund loslassen hinter dem S..kerl ... wenn nur der junge Doktor Wille da wäre! Der da kommt noch einmal ins Zuchthaus...»

Ach, es schien wirklich ein vergebliches Mühen zu sein. Lieber Gott, schau', die Freud' dürftest Du dem Tropf nun doch nicht lassen, daß er uns auch noch fernerhin darum ausspotten kann.

Immer wieder, wenn ich ermüdet aufhören wollte, sahen mich die angstvoll flehenden Augen der Mutter an. Sie schlief nicht ein – trotz aller Erschöpfung. Die Sorge um ihr Kind hielt sie wach. Es wird doch nicht tot sein... es wird doch...

Schon wollte auch ich die Hoffnung aufgeben. Da ... wahrhaftig, das Kleine fing an zu atmen ... leise, kaum merklich ... aber doch ... doch ... ich traute meinen Augen kaum ... auf einmal zitterte ein Schrei durch die Luft... es lebt!

«Mein Kindlein!» ... selig streckte ihm die Mutter die Arme entgegen, küßte, segnete es. Der Vater stürzte herbei und staunte das kleine Wunder an. Nach zweistündiger, ununterbrochener Arbeit – der Vater hatte mich zuweilen ablösen müssen – war das Kind wirklich für das Leben gerettet. Ich hatte es selbst nicht geglaubt, gegen den Ausspruch des Arztes; hatte es nur nicht über das Herz gebracht, der Mutter die Bitte zu versagen.

Als der Arzt wiederkam, stand er sprachlos vor dem Korb mit dem kleinen, zappelnden Ding. «Unglaublich, solche Suggestionskraft...»

In diesen Tagen trug ich den Kopf wohl ein wenig höher als sonst. Das ganze große Glück des Berufes war über mich gekommen. Herrlich war es, helfen zu können. Herrlich, im Dienst zu stehen an Mutter und Kind! Der Anfang meiner Tätigkeit war für mich ja auch sehr ermutigend gewesen. Daß es auch noch anders kommen sollte, konnte ich mir damals gar nicht denken. «Mutter, ich bin doch froh, Hebamme zu sein. Ist doch ganz etwas anderes, als alte Fetzen zusammenzunähen! So lebendiges Leben schützen, Erden- und Himmelsbürger schaffen zu helfen...»

Babett schimpfte natürlich im Ort herum, obwohl sie die ganze Geburt verschlafen hatte. Als sie das Kind zur Taufe tragen durfte und das damals übliche Geschenk von Pate und Patin erhielt, gab sie sich zufrieden. Der Mutter war es zwar gar nicht recht, daß ich dies der Babett überließ. Mir eigentlich auch nicht. Nicht des Geschenkes wegen, sondern weil ich immer so gern zur Taufe gegangen bin mit «meinen» Kindern. Ja, es ist doch immer ein wenig mein Kind, das ich da zur Kirche trage. Doch was tut man nicht um des lieben Friedens willen. Und die Babett ist eine arme Frau; die paar Mark und der Taufkaffee tun ihr gut.

Zwei Sonnenscheinchen

«Ja, liebe Frau Rösch, es ist schon so. Sie bekommen noch einmal ein Kleines.»

«Mein Gott, das kann doch gar nicht sein! Denken Sie doch ... in meinem Alter ...» Die Mutter, die da bei mir in der Stube saß, war ganz aufgeregt, als ob ich ihr die Diagnose einer unheilbaren Krankheit gestellt hätte.

«Das ist doch durchaus nichts Anormales, Frau Rösch. Das kommt verhältnismäßig oft vor, so anfangs Vierzig. Die Kronwirtin in Unterweiler hat in zwölfjähriger Ehe keine Kinder gehabt, bis sie gegen vierzig kam. Da erhielt sie nun in den letzten Jahren noch drei: einen Buben und zwei Mädchen. Und in der Hebammenschule hatten wir eine Frau, die mit sechsundvierzig Jahren das erste Kind bekam.»

«Wie wird das gehen ...? Ich kann es immer noch nicht glauben ...»

«Voraussichtlich ganz normal. Sie haben doch früher bei Ihren anderen Kindern auch keine besonderen Beschwerden gehabt?»

«Nein, das nicht. Mir ging es eigentlich immer ganz gut. Aber denken Sie doch, die Kinder! Die Marie ist nun sechzehn und die Berta, die Kleinste, elf Jahre, die Knaben fünfzehn und dreizehn. Die merken doch, daß etwas los ist, wenn einmal so die Zeit kommt. Wie muß ich mich da schämen ...»

«Aber, Frau Rösch, vor was denn? Sie sind doch verheiratet. Daß Kindlein kommen – so kommen –, ist doch Gottes Anordnung. Da müßte sich ja der Schöpfer selbst schämen über seine Werke.»

Einige Wochen später bin ich zu der Besenbinders-Familie gegangen. Vor dem Ort draußen, dem Weiher zu, steht das kleine windschiefe Haus. Man glaubt, es müsse einmal vom Sturm in den Weiher hineingefegt werden, so neigt es sich schon zur Seite. Aber ich hab' es nie anders gesehen. Manch stattlich' Haus hat der schreckliche Gewittersturm vor drei Jahren abgedeckt in unserem Ort; aber über dieses hat er hinweggeblasen. War ihm wohl nicht der Mühe wert. Oder hat es sich so gut an die Erde anducken können? Damals sagte der Besenbinder: «Viele Kinder, viele Gebete. Wenn mein Haus einfällt, wessen Haus soll dann der Herr behüten?»

Aus jedem der kleinen Guckfenster schauen bei Sturmwetter mindestens ein halbes Dutzend Äuglein heraus. Alle hell und blank wie der Weiher. Wenn aber die Sonne scheint, ist von den sechzehn Kindern keines im Haus. Die zwei ältesten Mädchen sind im Dienst. Ich hab' ihnen Stellen besorgt. Es sind fleißige, ordentliche und so goldig frohe Menschen, daß man sie auf den Stellen nicht mehr missen möchte. Der größte Bub ist auf dem Gutshof in der Landwirtschaft. In die Fabrik will der Besenbinder seine Kinder nicht schicken. «Ist nichts für mein Volk», sagt er. «Das ist an Sonne und Luft gewöhnt; will singen und springen können.» Und die Frau sagt, im Dienst lernen die Mädchen, was sie später im Haushalt brauchen. Auf einer guten Stelle können sie gerade soviel sich ersparen wie in der Fabrik, wo eines das andere anregt zum Geldausgeben.

Dreizehn Besenbinderkinder sind noch im Haus. Aber nie sieht man eines müßig herumstehen. Die Mädchen nähen und flicken, waschen und putzen, schon wenn sie neun Jahre alt sind, sehr nett und ordentlich. Die Buben helfen dem Vater oder arbeiten in der Ernte und im Frühjahr neben der Schulzeit bei den Bauern im Taglohn. Sie schaffen wie ein Alter, sagen die Leut' im Ort. Aber es sind halt Besenbinders! Alleweil muß gesungen und gepfiffen sein! Das ist bei uns ein untrüglich Zeichen von Leichtsinn, und ich hab' schon manche Lanze darum brechen müssen. Die kleinsten Besenbinderlein hüten die Schäflein und Geißen; tragen Futter heim für den Winter, betreuen das stets vorhandene Wickelkind. Denn die Mutter geht auch in den Taglohn.

Natürlich ist die Besenbinderin Stammgast bei mir.

Heuer hab' ich die Besenbinderin von dem siebzehnten Kind entbunden. Es war ein lachender, warmer Novembertag. Der Himmel lachte offenbar selbst zu der Überfülle von Segen. Und der Besenbinder lachte auch, als er das kleine Mädel in seine großen, harten Hände nahm und küßte. Mir wurde beinahe Angst, er zerbricht es, aber nein, er tat es mit ganz geübter väterlicher Behutsamkeit. Er hatte nicht warten können, bis es gewickelt war; aus dem Badewasser nahm er es mir weg. Und wie das Kleine zu schreien anfing, tröstete er es: «Mußt nicht weinen, Mädel, liebes. Bis du so weit bist, ist wieder eines aus dem Haus. Bekommst schon auch noch einen Teller und ein Plätzlein im Bett ... bist uns gerade so lieb wie das erste ...»

«Das wird nun doch wohl das letzte sein, Lisbeth? Meine Frau ist nun fünfundvierzig Jahre. Wir haben diesmal wirklich nicht mehr an so was Kleines gedacht. So nach allem ... was sich so ändert. Aber jetzt ist es da und wird auch wieder groß. Das wird nun unser Sonnenschein für die alten Tage ...»

Am Sonntag vor Weihnachten kam das Sonnenscheinchen bei Röschs auf die Welt. Die ganze Familie freute sich über das Christkind, und die Mutter hatte gute Tage. Der Vater hatte den Kindern Bescheid gesagt, und sie wetteiferten geradezu darin, der Mutter etwas Liebes zu tun. –

Seitdem sind lange Jahre durch das Land gezogen. Die Kinder wurden groß. Stellten sich auf eigene Füße. Gründeten einen eigenen Hausstand. Verließen das Elternhaus. Selbst die Besenbinderhütte war leer geworden. Doch manchmal kamen die Kinder wieder heimgeflogen zu Vater und Mutter. Sie hatten eine rührende Anhänglichkeit an das Elternhaus bewahrt. Kein Festtag kam ohne Grüße und Geschenke an die Eltern. Doch das Leben zwingt die flügge gewordenen Vöglein, sich eigene Nester zu bauen.

Die Sonnenscheinchen waren daheim geblieben. Nahmen den müde gewordenen Eltern die Arbeit aus den Händen und umsorgten sie treu in ihren alten Tagen. Und als man die Eltern zu Grabe trug, waren die Sonnenscheinchen noch jung genug, sich ein eigenes Leben zu gestalten.

Oft hab' ich die Erfahrung gemacht, daß diese späten, letzten Kinder die besten Stützen der Eltern werden, wenn man sie nicht sinnlos verzieht.

Wenn er einmal Verstand hat ...

Beim Metzger Herrmann erwartet man das erste Kind. Er ist ein reicher Mann und kann sich etwas leisten. Das weiß auch niemand besser als er. Zwar, seine Wirtschaft hat nicht den besten Ruf. Junges Volk, das einmal recht unbehindert umtreiben will, geht zum Herrmann. In der Metzgerei soll es manchmal sonderbar zugehen. Jedenfalls ist sicher, daß man jedes Stück Vieh, auch das verendete, beim Herrmann anbringen kann. Dafür verschickt er auch seine Wurstwaren weit in die Städte. Was alles darin sei, wisse nur der liebe Gott, sagen die Lehrbuben.

Das alles aber hat den Herrmann nicht so sehr zum reichen Mann gemacht als vielmehr sein ausgedehnter Viehhandel. Wo irgend im

Umkreis ein Stück Vieh verkauft wird, hat er seine Hand im Spiel. Bis zu den Landesgrenzen betreibt er seinen Handel mit Borstentierchen und anderen eßbaren Vierfüßlern. Durch diese im großen betriebene ‚Schweinerei' ist er unser Geldkönig geworden.

Also bei diesem Metzgermeister Herrmann erwartet man das erste Kind. Schon seit drei Wochen muß ich täglich bei der Frau hereinschauen. Sie hätte doch noch keines gehabt und wisse nicht, wann es soweit sei, daß man mich braucht. Die alte Babett kommt auch jeden Tag auf Besuch und freut sich, wenn sie eine Wurst zum Vesper bekommt. Mir ist es eine große Verlegenheit, daß sie immer noch zu den Wöchnerinnen geht. Nicht weil sie mir schadet. Die Frauen merken es selbst, daß die arme, alte Frau dem Beruf einfach nicht mehr gewachsen ist.

Dreimal schon hat mich der Herrmann bei Nacht gerufen – für die Katz' natürlich. Wenn es der Frau ein wenig nicht gut ist, dann glaubt sie schon, es sei bei Matthäi am letzten. Wenn mich aber nicht alles täuscht, geht es noch vier Wochen.

Endlich, Gott sei Dank! Alles hat ja einmal ein Ende. Auch die Schwangerschaft der Frau Herrmann. Also endlich, nach fünf Nachtbesuchen, nach achtwöchigem täglichem Nachsehen, nach dreimal vierundzwanzigstündiger Wartezeit im Haus kam ein Knabe auf die Welt. Eine ganz normale Geburt. Etwas langsam, wie meist beim ersten Kind. Das war eine Sache! Herrschaft noch einmal, wenn alle Mütter so ihr Kind bekämen, dann möchte ich nicht mehr Hebamme sein. Hat die Frau sich aufgeführt! Bei ein wenig Wehen schon, wo andere Mütter die Zähne zusammenbeißen und lachen, getobt – geflucht –. Zweimal ist der Herrmann zum Arzt gelaufen. Ich weiß nicht, was die zwei alles gelesen hatten in medizinischen Hausbüchern, von Narkose bei der Geburt, von Zangenhilfe...? Doktor Wille kam – sah sich die Sache an – und ging. «Man greift der Natur nicht vor, wo gar keine Veranlassung dazu vorliegt», sagte er. «Es ist alles in Ordnung. So eine schöne normale Sache! Wünsche guten Verlauf!»

Endlich war es überstanden. Ich weiß nicht, für wen das Glück größer war, für die Mutter oder für mich. Der Vater war außer Rand und Band über den Stammhalter. Alle Kinder, die am Laden vorbeikamen, erhielten eine Wurst geschenkt. Es sei ein Prinz geboren worden! Das müsse man ebenso feiern wie Kaisers Geburtstag. –

Inzwischen brüllte das Söhnlein genauso, wie es zuvor die Mutter getan. Hab' selten ein so ungutes Kind in die Hand bekommen. Es schien, als ob alle Unbeherrschtheit und aller Zorn von Vater und Mutter sich in ihm zusammengefunden hätte. Von Anfang an war er der Haustyrann. Bei Tag wollte er schlafen, bei Nacht mußte ihn die

Magd durch alle Stuben tragen, daß er nicht brüllte. Ich erhob Einspruch dagegen:

«Erzieht den Burschen vernünftig. Er hat schon etwas mitgebracht, was nicht gut ist. Gewöhnt ihn beizeiten an Gehorsam und Selbstbeherrschung und Ordnung.»

«Ach nein, man muß dem Kind seinen Willen lassen. Es ist ganz falsch, den Willen zu brechen, wie man es früher getan hat.»

«Gewiß soll das Kind einen rechten Willen haben. Den soll man stützen und pflegen. Aber es ist doch ein Unterschied zwischen Eigensinn und Zorn und vernünftiger Willensbildung. Mit dem uneingeschränkten Erfüllen aller seiner Wünsche und Begehren erzieht Ihr das Kind für das Zuchthaus.»

«Wenn er einmal Verstand hat, wird er seine Unarten schon lassen. Man muß einem Kind Freiheit gewähren, sich zu entwickeln. Muß seine persönliche Individualität wahren ...» Da war mit keiner Vernunft beizukommen. Sie hatten sich so in das unverstandene neumodische Zeug hinein verrannt, alles war vergebens. Nun ja, die Kindererziehung ist schließlich nicht meine Sache. Dafür bin ich nicht verantwortlich. Wenn sich jemand einen gutgemeinten Rat nicht gefallen läßt, hat er selbst das Nachsehen. Man bringt es nur nicht fertig, zu solchen handgreiflichen Dummheiten zu schweigen – im Interesse der Kinder. Die sind mir immer ein wenig ans Herz gewachsen.

Zum Entgelt für meine Mühe schickte uns der Metzgermeister ein halbes Schwein ins Haus. Wir wußten kaum wohin mit dem fetttriefenden ungewohnten Honorar. Er wollte sich nicht lumpen lassen.

Nach Jahresfrist etwa rief mich Frau Herrmann einmal herein, als ich am Haus vorüberging. Sie glaubte sich wieder in Hoffnung; und es war auch so. Da saß gerade der Heinz mitten auf dem Stubentisch. Er hatte Mutters große Schere in den Händen, segelte hin und her auf seinem Thron, den Fenstern entlang, schnitt den Blumen Blätter und Blüten ab.

«Und nachher ißt man da zu Mittag», konnte ich mich nicht enthalten zu bemerken.

«Was will ich machen? Er bleibt mir halt sonst nicht sitzen, wenn er nicht ans Fenster kann ...»

Ich nahm dem Bürschlein die Schere aus den Händen. «Wenn er sich die Augen damit aussticht, Frau Herrmann ...»

Da bekam der Tropf einen puterroten Kopf, ballte beide Fäuste, strampelte, schrie und tobte.

«Ja», lachte der Vater, «da steckt was drin in dem Bursch. Der hat einen Schneid und läßt sich nichts gefallen. Das wird ein rechter ...» Und die Mutter entschuldigte sich:

«Er schreit halt so lang, bis man ihm gibt, was er haben will. Was will man da machen ... Ich gebe es ihm halt, daß er Ruhe gibt. – Wenn er einmal Verstand hat, wird das schon anders. Er ist ja noch so klein ...»

Ich hatte das Bürschlein, ohne etwas zu sagen, ein wenig energisch am Wickel gepackt, mit seinem Thron auf die Erde gesetzt. «Ob du still bist und deine Sach' machst ...» und schaute ihn fest an. Starr und stumm hockte er da ... schnaufte auf aus den tiefsten Gründen ... getraute sich nicht mehr zu mucken ob solcher ungewohnten Behandlung ... schaute zu Vater und Mutter hilfesuchend umher. Die sind aber gerade so platt wie er und wissen nicht, an welchem Zipfel sie zupakken sollen. Schauen sich gegenseitig an. Ich weiß heute noch nicht, ob es Staunen oder Entrüstung war. Und wie das Bürschlein nun wirklich fertig ist und sich der Mutter still an den Rock hängt, da sagt sie: «Man sieht halt, daß Ihr keine Kinder habt. Sonst könntet Ihr nicht so mit ihnen sein. Er ist doch noch so klein und hat doch noch keinen Verstand ...»

Am liebsten hätte ich da gesagt: «Dann paßt er zu euch.» Aber ich war still und ging. Da ist Hopfen und Malz verloren.

Wie das Schwesterlein auf die Welt gekommen war, saß die Familie in der Stube draußen bei Tisch. «Mag nicht essen!» brüllte der Heinz und warf den Teller mitsamt der Suppe mit gutem Schwung auf den Boden. Der Vater lachte: «Immer energisch, mein Sohn! Jetzt bist du nicht mehr allein im Haus und mußt dein Bubenrecht wahren.» Heinz war vom Stuhl heruntergerutscht. Als sein Vater nach ihm greifen wollte, schlug er zu und rief: «Kannsch mich ...», worauf der Alte sich schüttelte vor Lachen. Er kam zu uns in die Schlafstube: «Habt ihr es gehört? Ist doch ein Mordsbub, der Heinzel!» –

O ja, er war ein Mordsbub und wurde alle Tage besser. Alle Kinder liefen davon, wenn er auf die Straße kam. Bald fuhr er in einem Ziegenwagen und schlug auf die Tiere ein; bald zerrte er ein Lämmlein am Strick zu Tode, bis sich der Landjäger dareinmischte. Bald riß er den kleinen Hühnern Beine und Flügel aus. «Ach, es sind ja nur Viecher! Warum soll man dem Kind die Freude nicht lassen?» sagte der alte Herrmann. Daß dies alles häßliche Tierquälerei war, verstand sein verrohtes Gemüt nicht.

Die zwei Schwesterlein, die noch nach Heinz geboren wurden, waren so klug und starben in den ersten Jahren. Dadurch kam Dr. Marx ins Haus. Und für mich gab es keine Arbeit mehr bei Herrmanns. «Es ist gut, wenn man nur ein Kind hat. Dann bleibt die Sache beieinander», sagte Herrmann nun. –

Der Heinz ging in die Schule. War ein verstockter, hinterlistiger Kamerad, vor dessen Tücke niemand sicher war. Da er hier sein Unwesen nicht offen treiben durfte, war er insgeheim umso verschlagener. Wiederholt regte der Lehrer an, den Buben in Zwangserziehung zu tun. Aber niemand wollte es mit dem Herrmann verderben, und so geschah nichts. An einem Kirmessonntag gerieten Vater und Sohn in Streit. Nachdem der dreizehnjährige Bengel schon am Vormittag den ganzen Inhalt der Ladenkasse durchgebracht hatte, griff er am Mittag nach dem Schlüssel zum Geldschrank. Das war dem alten Herrmann zu bunt. «Der gehört mir, solang ich der Herr im Haus bin. Verstanden!» Da faßte der Bub im Zorn das Metzgerbeil und schlug nach dem Vater. Der Schlag ging fehl. Herrmann aber stand wie vom Blitz getroffen. Da gingen ihm auf einmal die Augen auf. Und zugleich ergriff auch ihn ein unbändiger Zorn. Zum ersten Male packte er den Buben und verprügelte ihn. Sinnlos und maßlos natürlich. Hätte ihn wohl totgeschlagen, wenn nicht die Mutter, die Gesellen und die Magd sich dazwischen geworfen hätten. Das ganze Haus Herrman lief mit blauen und schwarzen Beulen herum. Der Heinz lag wochenlang im Bett. –

Der Vater hatte gründliche Arbeit getan. Doch es war zu spät. Diese plötzliche Wandlung rief nur alles auf den Plan, was an Rache, Tücke und Roheit in dem Burschen schlummerte. Und der Haß trat hinzu.

Einige Monate später hat er den Vater wirklich mit dem Metzgerbeil erschlagen. Heimtückisch aus lauerndem Hinterhalt ... Ein furchtbarer Aufruhr im Ort. So etwas war nicht geschehen seit Menschengedenken. Und doch ... und doch ... alle sahen und fühlten es: Vater und Mutter hatten selbst das Unheil heraufbeschworen, das sie nun zerschmetterte. In diesen Tagen besannen sich manche Eltern darauf, daß Kindererziehen eine wichtige und schwere Aufgabe ist; daß man damit nicht warten darf, «bis sie einmal Verstand haben ...»

Bände könnte unsereiner schreiben von Elterndummheit, die durch falsche Erziehung, oder durch gar keine, das Unglück über ihr Kind und sich selbst gebracht hat. Früher gab es in den Familien noch einen gewissen Brauch, nach dem man erzogen hat. Die Kinder sahen und übernahmen ihn von den Eltern. Heute ist mit vielem anderen auch diese Erziehungstradition aus den Familien entschwunden, zum Teil durch die umgestalteten wirtschaftlichen Verhältnisse. Die neuen Mütter stehen ihren Sprößlingen nun oft so hilflos gegenüber, haben den Kopf voll neuer Schlagworte und wissen weder mit diesem Neuen noch mit dem bewährten – aber ihnen entschwundenen – Alten mehr etwas anzufangen. Es täte bitter not, vor der Trauung einen Nachweis über die nötigen Kenntnisse in der Kindererziehung zu verlangen.

Drei Tage vor der Hochzeit

«Ist es möglich, Lisbeth, wenn man sich nur ein einzigmal vergessen hat ... nur ein einzigmal ...»

Hildegard, des Fabrikdirektors einzige Tochter, saß bei mir in meinem Stübchen. Wir kannten uns schon aus der Schulzeit und hatten manchen freien Tag einst miteinander verspielt. Ihr Vater hatte eine Villa draußen vor dem Ort, nahe am Wald. Später waren wir uns ziemlich fremd geworden. Sie war im Pensionat gewesen, und als sie wiederkam, war sie eine junge Dame. Ihr Leben lag nun in anderen Kreisen als das meine. Man war viel auf Reisen, hatte Gesellschaften. Ohne hochmütig zu sein, hatte der übliche Lebensstil ihr eine Schranke gezogen gegenüber dem Einst.

Jetzt war Hildegard seit einiger Zeit verlobt.

«Möglich ist es schon, Hildegard. Doch was bringt dich auf die Vermutung? Wann glaubst du, daß ...?»

«Es sind nun eben acht Wochen. Wir hatten am Tage zuvor eine große Tour gemacht in die Berge. So war ich recht müde und legte mich am Nachmittag ins Bett, während die Eltern nach Z. ins Theater fuhren. Da kam ganz unerwartet mein Bräutigam. Er müsse mir unbedingt etwas Wichtiges und Gutes sagen, ließ er mir durch das Mädchen ausrichten. So warf ich rasch nur mein leichtes Hauskleid über, ordnete mein Haar und ging zu ihm in die Wohnstube. Es war ja herrlicher warmer Sommer.

Du weißt vielleicht nicht: er ist Jurist. Die Zukunftsaussichten waren schlecht. Der Beruf ist überfüllt. Nun hatte er unverhofft eine sehr gute Stellung bei einem Großunternehmen erhalten. Frei lag die Zukunft vor uns. War das ein Jubel! Er blieb beim Nachtessen. Wir ließen uns einen guten Wein holen – hofften, daß die Eltern bald kämen. Aber – wie es manchmal das Verhängnis fügt – sie ließen uns warten ...

Ach, es ist schon richtig, wie man immer sagt: man soll sich nie auch nur ein wenig gehenlassen. Meine leichte, intime Kleidung riß die Schranke nieder, die sonst zwischen uns gestanden hatte – und schließlich wurde ich seine Frau. Nur dies eine Mal. Nun war ich wissend geworden. Nie wieder könnte ich es über mich bringen, so nachlässig zu sein ... und nun ist es zu spät zur Vorsicht ...»

Wieviel Lebensglück ist schon an dieser Klippe zerschellt! Man denkt nicht weiter – man läßt die Vorsicht weg – und ist es auch nur ein einziges Mal – das lange Leben ist verpfuscht und ruiniert ...

Hildegard kam nach zwei Monaten wieder und sagte, in vierzehn Tagen sei Hochzeit.

«Lisbeth, du sagst doch gewiß niemand etwas. Meine Familie würde ja außer sich geraten. Es ist ja nun alles gut. Erich gehört überhaupt keiner Kirche an, leider. Aber er hat mir kirchliche Trauung versprochen, und mit den Kindern dürfe ich machen, was ich wolle. Das sei Sache der Mutter, die aufzuziehen.»

«Hildegard, ich bin zum Schweigen verpflichtet. Da hast du gewiß nichts zu befürchten. Wenn nur dein Mann dich nicht enttäuscht. Habt ihr den Vertrag bei dem Notar geschlossen wegen der religiösen Kindererziehung?»

«Nein, Lisbeth. Soviel Vertrauen muß man doch zueinander haben! Wie sollte es sonst in der Ehe gehen?»

Man rüstet zur Hochzeit draußen in der Villa. Solche Dinge bleiben nicht geheim. Bald sprach der ganze Ort davon. Ordentlich neugierig sind jung und alt, wie so eine hochherrschaftliche Hochzeit vor sich gehen wird. Das hat man bei uns noch nicht erlebt. Daß ein großer Bauer heiratet und der Schmaus drei Tage dauert, das war schon öfter da. Und daß kleinere es nachmachen wollten, wobei es schließlich ging wie auf der Hochzeit zu Kana – nur daß kein Wunder den fehlenden Wein herzauberte –, das hab' ich hier auch schon erlebt. Der Spott geht heute noch um.

Drei Tage vor der Hochzeit kommt Hildegard des Abends zu mir. Um zehn Jahre gealtert – verweint – ratlos.

Bin ich erschrocken...

«Alles ist aus, Lisbeth... alles...»

Am Mittag war ein Notar aus der Hauptstadt gekommen im Auftrag ihres Verlobten und hatte ihr mit vielen schönen Worten einen Ehevertrag zum Unterzeichnen vorgelegt. Sein Auftraggeber fände, daß es auf alle Fälle besser sei – sie möchte also morgen kommen zum Vollzug...

«‚Wir haben uns unser Wort gegeben und sind untereinander einig. Ich sehe nicht ein, was ich unterschreiben soll. Und wenn schon, warum kommt Erich nicht selbst wegen solcher Sachen...?'

‚Sie müssen doch einsehen, gnädiges Fräulein, daß es meinem Klienten sehr unangenehm ist, jetzt erst so heikle Fragen zu berühren. Aber seine Stellung und seine Verbindungen zwingen ihn dazu.'

‚Wozu? Um was reden Sie denn eigentlich herum?'

‚Je nun: die Hauptsache bei diesem Vertrag: die Ehe kann nur zivil geschlossen werden. Eine kirchliche Trauung ist doch ein Anerkennen eines Bekenntnisses, eine Reverenz vor einer Kirchengemeinschaft. Das würde die ganze gesellschaftliche Stellung Ihres Gatten gefährden.

Würde ihn unmöglich machen in den Kreisen, die er zu einem weiteren Vorwärtskommen braucht...'

‚Erich hat mir die kirchliche Trauung versprochen. Ich gebe ihm sein Wort nicht zurück.'

‚Sie können doch unmöglich auf einer solchen Formalität beharren...'

‚Darauf beharre ich wie auf der christlichen Kindererziehung.'

‚Ich muß Sie aber dringend bitten, sich diese Sache noch einmal zu überlegen. Dann würde sich mein Klient genötigt sehen, von der Heirat zurückzutreten. Er kann unmöglich seine ganze Existenz, seine ganze Karriere aufs Spiel setzen wegen einer solchen Laune...'

‚Ich muß es mir ganz entschieden verbitten, daß Sie meine religiöse Überzeugung als Laune bezeichnen! Wir haben nichts mehr miteinander zu bereden. Wenn mein Verlobter einen Vertrag aufsetzen will, so soll er selbst damit kommen...'

‚Gnädiges Fräulein, ich muß Sie noch einmal darauf aufmerksam machen: wenn Sie sich nicht damit einverstanden erklären, daß die Ehe nur zivil geschlossen wird und die Kinder in keinem Kirchenbekenntnis erzogen werden, so sieht sich mein Klient genötigt, die Verlobung zu lösen.'»

«Lisbeth, drei Tage vor der Hochzeit! Der ganze Ort spricht schon davon. Und das Kind ... das Kind ...», weinte das Mädchen. «Schau, da hat mich eine Erbitterung gepackt ... eine Verachtung für den Mann, dem ich vertraut hatte, mehr als mir selbst ... mehr, als ich verantworten kann. Und gehe es nun, wie es will: ich kann meinen Glauben nicht verleugnen und die Seele meines Kindes verkaufen, ehe es nur geboren ist...

Ich gab dem Notar den Verlobungsring zurück und sagte: ‚So, melden Sie Ihrem Klienten, daß ich auf die Ehe mit einem so charakterlosen Mann verzichte. Lieber tot – als ein ganzes Leben an einen solch gesinnungslosen Menschen gebunden sein.'»

Aufschluchzend vergrub das Mädchen das Gesicht in die Hände. Was nun?

«Wissen deine Eltern darum, Hildegard?»

«Nein. Weder das eine – noch das andere...»

«So will ich zu ihnen gehen und mit ihnen reden.»

«Vater wird furchtbar zornig werden, Lisbeth.»

«Mich kann er nicht umbringen. Sei nur zufrieden. Ich komme schon lebendig wieder her. Und du bleibst inzwischen hier. Der Streit wird nur ärger, wenn du dabei bist...»

Es war nicht leicht, den ahnungslosen Eltern reinen Wein einzuschenken. Als sie endlich die Sachlage begriffen, geriet der Vater außer sich vor Zorn. Er verbot mir, je wieder sein Haus zu betreten. Als ob ich für die Sache verantwortlich gewesen wäre! Doch ich war froh, Blitzableiter zu sein, damit das arme Mädchen den Sturm nicht erleben mußte. Seine Tochter existiere für ihn nicht mehr! Sie solle es nur nie wagen, nochmals ins Haus zu kommen ... Dann besann er sich eines anderen. Sie muß einfach heiraten! Um jeden Preis! In einer solchen Zwangslage gibt es keinen anderen Ausweg...

Zum guten Glück war sie volljährig. Ob er es verantworten könne, sein einziges Kind so ins Elend zu stürzen, fragte ich nun. Ob er als ehrbarer Mann einen solchen Lumpen – ja, einen Lumpen heiße man so einen Menschen, und wenn er zehnmal Akademiker sei! – also, ob er einen solchen Erzlumpen zum Schwiegersohn wolle?

So ließ er den Plan wieder fallen. Wir stritten bis in die Nacht. Ich versuchte, alle Register zu ziehen; aber mit keinem kam ein reiner Ton zustande. Da sagte ich endlich, daß ich das Mädchen zu einer Bekannten in eine kleine Entbindungsanstalt bringe. Sie würden sich hoffentlich darauf besinnen, daß sie die Eltern des Kindes wären – und daß es gerade im Unglück ein Anrecht an Vater und Mutter habe...

Einige Monate später hat Hildegard einen prächtigen, gesunden Knaben bekommen. Der alte Direktor aber weigerte sich hartnäckig, Mutter und Kind zu sich zu nehmen. Seine Tochter dürfe jederzeit in das Elternhaus zurück – aber ohne Anhang. Er sei bereit, für das Kind eine Abfindungssumme in standesgemäßer Höhe zu zahlen. Doch darauf ging Hildegard nicht ein. Sie wollte ihr Kind nicht verleugnen. Und so zog das tapfere Mädchen es vor, eine Stelle anzunehmen und bei seinem Kind zu bleiben. Dank ihrer guten Sprachkenntnisse fand sie leicht eine Stellung als Fremdsprachen-Korrespondentin, und es gelang auch, eine gute Familie ausfindig zu machen, die Mutter und Kind aufnahm. Bei ihr war der Knabe gut aufgehoben, während die Mutter dem Broterwerb nachgehen mußte. Wohl ist es dem einzigen, einst so verwöhnten Kind bitter schwer gefallen, nun täglich die Berufsarbeit zu verrichten in abhängiger Stellung und zu sparen und einzuteilen, um mit dem für zwei Personen doch knappen Gehalt auszukommen. Doch sie hat es geschafft. Und nie hab' ich ein Wort der Klage gehört.

Der kleine Paul ist ein prächtiger Junge geworden. Als er zehn Jahre alt war, habe ich ihn in den Schulferien einmal zu mir aufs Land genommen und ein wenig Vorsehung gespielt. Da hat richtig das Herz des Großvaters Feuer gefangen. Er bot nun seiner Tochter an, die Kosten der Ausbildung des Kindes zu übernehmen.

Inzwischen kam der Weltkrieg und hat manche Wandlung geschaffen. Heute sind Mutter und Kind im Elternhaus – und niemand spricht mehr von jenen Tagen...

Geburt im Fabriksaal

Die Fabrikkamine der Spinnerei und Weberei ragen hoch auf zum Himmel und speien dicke, schwarze Rauchwolken aus, als wüßten sie es, daß das Werk vergrößert wurde, und täten sich ordentlich etwas darauf zugut. Eine Textilwarenfabrik ist vor kurzem neu hinzugefügt worden. Immer mehr Arbeiterbevölkerung wird in unseren einst so stillen Ort hereingezogen. Alle Schattenseiten der modernen Industrie zeigen sich und verdunkeln immer mehr unseren einst so klaren Himmel. Nun ballen sich stets aufs neue finstere Gewitterwolken daran zusammen.

Die Zementfabrik steht still. Sie hat keinen Absatz für ihre Ware, und die Lager liegen voller Vorräte. Allerdings, es soll auch keine hervorragende Qualität Zement sein. Die eigenen Baugeschäfte hier am Platz verarbeiten ihn nicht. Vor der Errichtung dieses Werkes war ein langer Streit in der Gemeinde, weil viele sich dem Unternehmen widersetzten. Der ständige Staub sei eine Gefährdung der allgemeinen Gesundheit, sagten sie, und hatten gewiß nicht unrecht. Im weiten Umkreis um das Werk sind Baum und Strauch, Feld und Wiese nun stets mit einer dicken grauen Staubdecke überzogen. Einige Bauern haben deshalb lange prozessiert wegen Schädigung ihres Besitzes. Es kam aber nicht viel mehr dabei heraus, als daß bis heute Feindschaft besteht zwischen einigen Familien. Nun liegt das Werk still. Ob es wieder in Betrieb gesetzt wird, weiß noch niemand. Man spricht davon, daß die Zementfabriken sich alle untereinander verbinden und daß dann nur noch die ganz guten Werke arbeiten sollen. Eigentlich wären wir hier alle froh, wenn der Staubfabrik das Handwerk gelegt wird. Aber die Sache ist heute nicht mehr so einfach. Nun sind viele Arbeiter mit ihren Familien hergezogen. Die sitzen jetzt auf der Straße, haben kein Brot und keine Aussicht, sich es hier zu verdienen. Das andere Werk hat seinen Stamm gelernter Arbeiter und Arbeiterinnen. Viel Jungvolk ist darunter aus der ganzen Gegend. Da können die Zementarbeiter zumeist nicht unterschlüpfen.

Mit der Errichtung der Fabriken ging eine grundsätzliche Wandlung vor sich hier am Ort. Es kamen arme Leute her. Arme Leute, die nichts hatten als das bißchen Lohn. Die gar nichts hatten, sobald diese Quelle einmal versiegte, und die darum von der Hand in den Mund leben mußten, ihren Kindern nichts geben konnten als abgeschmälzte Kartoffeln und Wassersuppen und trockenes Brot. Für die es ein Festtag sein mußte, wenn einmal ein Stück Fleisch in den Kochtopf kam oder ein selbstgezogenes Kaninchen.

In den ersten zwanzig Jahren war die Arbeiterkolonie ein gutes Arbeitsfeld für mich. Da bin ich oft hingekommen. Mit der Bezahlung war es ja zuweilen anders. Meist hatten die Frauen ein paar Mark vorgespart. Manchmal aber auch nicht. Dann schickte man hin und wieder zwei Mark am Samstag auf Abschlagszahlung. Sie hatten wenigstens alle den guten Willen, und ich habe nie nachgerechnet, ob die Taxe erreicht wurde oder nicht. Ich dachte eben, ich arbeite dem Christkind zulieb bei den Armen, die nicht zahlen können. Krankenkassen gab es wohl seit einigen Jahren für die Arbeiter; aber die Kosten der Geburt übernahmen sie damals noch nicht. Dafür mußte jede Familie sich selbst umtun.

Dennoch waren es zumeist keine verlotterten Familien, wie man sie heute so oft antrifft. In der Regel war der Haushalt ganz geordnet. Klein und schmal beieinander. Doch man spürte noch den guten Geist der vorangegangenen Generationen darin. Die Frauen verstanden noch etwas vom Haushalt und wußten das wenige, das sie besaßen, recht zu erhalten und zu verwalten. Wenn auch die Betten blau und rot gewürfelt bezogen waren und geflickt, sie waren sauber und ganz. Wenn auch zwei und drei Kinder in einem Bett schliefen (das war in unserer Gegend einst überhaupt die Regel), das Bett war gut im Stand.

Ich habe mich oft gewundert, wie die Frauen, von denen viele in die Textilfabrik gingen, es fertigbrachten; denn die Arbeitszeit betrug damals zehn Stunden.

An einem Mittwochvormittag ruft man mich in die Textilwarenfabrik. Sonderbar überrascht mache ich mich auf den Weg. In einer Ecke des großen Nähsaales drängen sich die Menschen. Voran natürlich die halbwüchsigen Burschen, die gar nichts hier zu tun haben und in der Pause aus den anderen Räumen zusammengelaufen sind. Sie stecken die Hände in die Taschen und machen mit stieren, gierigen Glotzaugen allerhand anzügliche Bemerkungen zu den Mädchen hin, die kichern und die Hälse recken. Eine arme Frau liegt am Boden und krümmt sich in den Wehen. Sie ist an einer Maschine zusammengebrochen und kann nicht mehr nach Hause. Das Kind ist schon unterwegs.

Da krümmt sich eine Mutter und ringt mit dem Tod um ein neues Leben, das ein Stück ihres Herzens auf die Welt mitnimmt, während ringsum die dummen Mäuler zischen und spötteln und sinnlich Feuer in unreinen Augen flackert... Und um alle, die da so schamlos herumstehen, hat doch auch einmal eine Mutter so gelitten und geblutet...

Zum erstenmal sah ich mich einer anrückenden neuen Zeit gegenüber. Mich faßte ein Grauen und zugleich ein Zorn...

«Schert euch an die Arbeit, ihr dummes Volk! Ich brauche keine Zuschauer hier! Denkt an eure Mutter, die euretwegen auch einmal eine solche Stunde hatte. Marsch – alle hinaus! Ich brauche niemand zum Gaffen!» Mit einem energischen Ruck schiebe ich die Nächststehenden rückwärts. Ein Gebrumm und Geknurr folgt, aber der Kreis weicht zurück. Einige schämen sich wirklich und gehen. Andere möchten zwar furchtbar gern bleiben, getrauen sich aber nun doch nicht. Endlich schlagen sich die Vorarbeiter und Werkführer auf meine Seite und räumen den Saal. Die Arbeiterinnen müssen an ihre Maschinen. Treibriemen sausen und Räder schnurren ...

Die Mutter sprach kein Wort. Als die Geburt beendet war, wickelten wir das Kleine in eine Arbeitsschürze. Zwei Männer von der Betriebsunfallhilfe standen mit einer Bahre bereit und trugen Mutter und Kind schnell nach Hause.

Kaum liegt die arme Frau im Bett, da trippeln kleine Füße die Treppe hinauf. Fünf Kinder kommen aus der Schule, die Kleinsten aus der Kinderkrippe. Die sind nicht wenig erstaunt, als da im Badzuber wieder ein Kleines strampelt, das die Mutter aus der Fabrik mitgebracht hat. Der Älteste, ein achtjähriger Knabe, aber fängt an zu weinen:

«Nochmals eines mehr, das Brot essen will ...»

Da schmilzt auch die Erstarrung, die über der Mutter lag. Und die arme Frau schluchzt auf. Eines, das Brot essen will ... und sie hat ja kein Stück im Haus. Der Mann ist seit drei Wochen arbeitslos. Ausgesperrt aus der Zementfabrik. Die wenigen Unterstützungsgelder sind längst aufgebraucht. Sie können sich nicht mehr selbst weiterhelfen. «Seit drei Wochen bringt der Mann keinen Lohn. Da hab' ich mich aufgemacht und bin wieder in die Fabrik gegangen. Bis vor sechs Wochen hatte ich da geschafft und die Arbeit aufgeben müssen, weil mir immer so elend wurde an der Maschine ... und nun bin ich auch arbeitslos ... es ist ja noch vier Wochen zu früh ...»

Die Kinder drängen sich an das Bett heran, nachdem ich das Kleine gerichtet hatte und es der Mutter reiche. «Auch noch ein Mädchen», ganz zärtlich hat sie das kleine Bündel im Arm. «Wenn du nur ein Junge wärest. Könntest leichter durch das Leben kommen, armes Mädchen ...» Und Muttertränen tropfen auf das Kleine herab.

Kinderhände recken sich scheu und heimlich über die Bettdecke. «Brot, Mutter.» – «Müßt warten, bis der Vater kommt. Er ist heute beim Schloßbauern zum Dreschen. Da wird er wohl Brot mitbringen. Josef, könntest auch hingehen und ihm sagen, daß ein Mädchen gekommen ist.»

Arbeitslos! – Kein Mensch weiß, wie das ist, wenn er es nicht miterlebt hat. Die Bauern hier am Ort wissen gar nicht, wie gut sie es haben. Immer ist Brot im Haus. Braucht sich niemand zu sorgen, daß es ausgeht. Andere aber sitzen am Morgen vor dem leeren Schrank, haben Hände und Füße und möchten arbeiten – und niemand gibt ihnen etwas zu tun. Die Kinder weinen um Brot, und die Eltern können ihnen nicht helfen. Sie sind arbeitslos, schämen sich, sie auf den Bettel zu schicken. Und die Kleinsten weinen an der Mutter Brust; denn sie ist leer. Die Mutter hat ja selbst nichts zu essen.

Arbeitslos – wie soll es werden, wenn nun der Winter kommt, morgen, übermorgen? All die langen, kalten Tage – kein Holz – keine Kohle – keine Arbeit...

In diesen Tagen bin ich zu allen Frauen gegangen, denen ich im letzten Jahr ein Kindlein gebracht hatte, und hab' gebettelt für meine arbeitslosen Mütter. Die Not konnte ich nicht mehr mitansehen. Und allein helfen kann ich auch nicht. Wenn ich auch am Morgen einen Topf voll Kaffee mitnehme und Brot und am Abend eine Suppe – es sind ihrer so viele für mich. So ziemlich alle Frauen rafften sich auf. Die eine schickt einen Korb voll Kartoffeln. Der Herrmann einen Topf Schmalz. Andere einen Laib Brot, Eier, Speck, Mehl, was man auf dem Lande so hat. Geld ist rar gewesen in diesen Jahren. Aber Lebensmittel schätzte man nicht hoch und gab gern, wenn gerade etwas ans Herz griff wie dieser Fall.

Und die Bauern gingen allmählich dazu über, einem arbeitslosen Familienvater tageweise Arbeit zu geben in Hof und Feld. Die Mauer wurde ein wenig eingerissen, die sie bisher von dem Fabrikvolk getrennt hatte. Zwar entschädigten sie diese meist in Naturalien, nicht in Geld. Aber das war ja gleich. Wenn nur die Familien nicht Hunger leiden mußten.

Beim Kaffee im Schulhaus

«Ein Christkindlein kommt zu mir, Lisbeth! Schreibt mich nur auf für die Zeit!» ruft mir an einem Samstag die Frau des Oberlehrers zu, als ich gerade am Schulhaus vorbeiradle.

Ich springe vom Rade und gehe zu ihr an den Gartenzaun. Das ist der neuste Fortschritt, daß ich mir zur Jahrhundertwende ein Fahrrad beigelegt habe. Ich war die erste Frau, die man hier auf dem Rad gesehen hat. Am Anfang sind alle Leute, Kinder wie Große, auf der Straße stehengeblieben und haben mich angestaunt, als ob ich ein Jahrmarktskamel wäre oder ein Tanzbär, wie man sie manchmal durch den Ort führt. Männer kommen von auswärts schon lange auf dem Rad in die Fabrik. «Nun kann es nicht mehr fehlen bei uns», spotten die Leute, «nun kommen die Kindlein per Rad auf die Welt.»

Das macht gar nichts. Andere dürfen auch eine Freude haben. Für mich war das neumodische Ding sehr praktisch. Ich sparte viel Zeit und kam schnell dorthin, wo es sein mußte. Warum sollte man in vernünftigen Dingen nicht mit der Zeit gehen?

Das elektrische Licht hat man auch eingeführt. Wenn nur schon alle es hätten! Es ist doch ein anderes Arbeiten als mit den schlechten, stinkenden Petroleumlampen. Die Kinder haben doch die sonderbare Gewohnheit, mit Vorliebe bei Nacht anzukommen.

Als ich da vom Rad gesprungen bin, rufe ich ganz überrascht: «Ja, ist es möglich?»

«Nicht wahr, das ist eine Sonntagsfreude. Mein Mann weiß es noch gar nicht. Ihr fahrt doch heim? Nun, dann kommt ein wenig herein. Wir trinken einen Kaffee zusammen. Dafür sind wir Frauen ja immer zu haben.»

So kehre ich morgens um halb zehn schon im Schulhaus ein zum Kaffeeklatsch. Im allgemeinen halte ich mich fern von solchen Dingen. Man soll mir nicht nachsagen wie einer Kollegin, daß ich die Frauen das ganze Jahr ausnutze zum Vespern und man mich suchen gehen müsse, wenn man mich braucht. Aber man muß bei allen lieben Grundsätzen ab- und zugeben können und das Kind nicht mit dem Bad ausschütten! Wenn einmal eine Mutter so eine besondere Freude hat, warum soll ich mich nicht mitfreuen? Wir Hebammen sind doch in gewissem Sinn Mutter aller.

Es ist erst Juli. Aber auf dem Nähtisch liegen schon so allerliebste Sachen, wie sie das Kindlein brauchen kann. «Hab' gleich heute morgen angefangen, alles hervorzusuchen ...»

«Haben Sie denn keine Angst, weil es schon zweimal so hart gegangen ist?»

«Daran denkt man doch nicht! Ist nichts schneller vergessen als Mutterleid bei der Geburt. Das geht rasch vorbei. Aber das Kindlein bleibt da. Und so ein kleines Ding ist doch das Schönste auf der Welt.»

Da fiel mir wieder das Wort unseres Heilandes ein: «Die Frau ist traurig, wenn ihre schwere Stunde gekommen ist. Hat sie aber das Kind geboren, so denkt sie nicht mehr daran vor Freude, daß ein Mensch zur Welt gekommen ist.» Wie gut er doch die Mütter kannte! Oft schon hab' ich daran denken müssen.

«Doktor Wille sagte, man könnte die Geburt Ende des siebten Monats einleiten. Da sei das Kind lebensfähig. Aber ich glaube, ich werde es doch lieber nicht tun. Ich hab' doch Angst, es schade ihm, wenn man es gewaltsam zu früh aus seinem warmen Bettlein herausreißt. Da will ich lieber ein paar böse Stunden auf mich nehmen, als dem Kind einen Schaden zufügen – vielleicht fürs ganze Leben.»

Es gibt doch herrliche Mütter, in allen Kreisen. Oberlehrers haben nun zwei Kinder. Das eine ist acht, das andere vier Jahre alt. Die Frau hat immer eine sehr schwere Geburt, fast unstillbare Blutungen. Mit «ein paar Stunden» war es wirklich nicht getan. Es ging stets auf Leben und Tod, und ein langes Siechtum folgte. Und doch wagt sie es wieder...

«Ich hab' einen guten Mann, Lisbeth. So gibt es nicht viele. Beim ersten Kind sagte der Arzt: ‚Es darf so schnell keines mehr kommen. Sie müssen Ihre Frau schonen, bis sie wieder gesund ist.'

‚So lange Sie es vorschreiben', sagt mein Mann sofort. Sie waren im Nebenzimmer und glaubten, ich sei eingeschlafen und sprachen deshalb frei und offen miteinander.

‚Es wird Ihnen ja schwerfallen in Ihrem Alter, in einer so jungen Ehe. Aber es muß nun einmal sein. Und so die anderen Sachen...'

‚Nicht davon zu reden, Herr Doktor. Das werde ich meiner Frau niemals zumuten. Aber wissen Sie vielleicht sonst einen beachtenswerten Wink?'

‚Sie könnten mit Nikotin und Alkohol sehr zurückhaltend sein, wenig Fleisch essen, scharfe Gewürze meiden. Und vor allem möglichst viel Ablenkung. Andere Interessen in den Vordergrund schieben, vielleicht auf eine Prüfung hin arbeiten, sich auf Musik stürzen oder was Ihnen gerade liegt. Gartenarbeit, überhaupt körperliche Entspannung ist nicht zu vergessen.

Und vor allem, Herr Oberlehrer, Ihre Phantasie beherrschen und auch solche Zärtlichkeiten meiden, die direkt in Beziehung stehen mit der letzten und tiefsten Liebesbezeugung. Man darf in solchen Fällen, wo einmal ein fester Entschluß nötig ist, nicht die kleinste Konzession machen, da kommt man sicherer und leichter ans Ziel.

Nur ein ganzer, aufrechter Mann bringt es fertig, seine Kraft zu bewahren; sie in andere Energien umzusetzen, solange es nötig ist. Und über uns ist auch noch einer, der Kraft gibt, wo sie uns nicht ausreicht.'

Ihr kommt in so viele Häuser, Lisbeth. Und ich kann mir denken, daß es noch mehr Ehen gibt wie die unsere, daß noch manchmal kein Kind kommen soll eine Weile. Darum erzähle ich Euch das. Ihr könnt anderen damit helfen.»

«Es ist nur leider meist so, daß die Menschen glauben, es müsse alles von selbst gehen und sofort versagen, wenn es nicht klappt. Sie lassen sich gehen, treffen keine Vorsichtsmaßnahmen gegen sich selbst und glauben nicht mehr an die Kraft aus der Höhe», sagte ich.

«So schwere Zeiten gehen nicht gut vorbei ohne die Kraft von Gott. Auch bei uns hat es trotz allem harte Stunden gegeben. Dann haben wir uns besonnen, und eines hat zu dem anderen gesagt: Komm, wir beten miteinander. Und der Sturm ist immer verebbt.»

«Das sollte man, den Menschen wieder den Glauben an die Kraft Gottes und das Beten nahebringen können. Wie oft hab' ich das schon denken müssen», sagte ich darauf.

«Aber man muß auch selbst tun, was vernünftig ist. Ich war sehr froh, daß ich die Ratschläge des Arztes mitgehört habe und mithelfen konnte. Es war so nett. Ich sagte nichts, daß ich darum wußte. Männer sind in solchen Dingen sehr empfindlich und lassen sich nicht gern durchschauen. Mein Mann hat mir auch nicht gesagt, wo es hinaus soll. Damit er mich und das Kind nicht störe bei Nacht, sagte er drei Wochen nach der Geburt, er wolle vorerst im anderen Zimmer schlafen. Ich änderte den Küchenzettel und sagte, für stillende Mütter sei es gut, viel Gemüse, wenig Fleisch und wenig gewürzt zu kochen. Dann stellten wir fest, daß mein Mann zu Korpulenz neige und Beschäftigung haben müsse, und wir mieteten noch ein Stück Gartenland zu dem unseren. Und jedes hat seine Freude gehabt, dem anderen unbemerkt zu helfen.

Ein gutes Jahr nach der Geburt bin ich zum Arzt gegangen. Voller Hoffnung! Aber er sagte: ‚Nein, Sie müssen noch warten.' An diesem Abend habe ich bitterlich geweint. ‚Du bist bös' hereingefallen mit mir', sagte ich zu meinem Mann. ‚Hast gar nichts von deiner Frau – wie andere Männer.'

‚Deswegen habe ich dich gerade so lieb wie bisher. Du hast doch deine Gesundheit durch mich für das Kind verloren. Für unseren Buben. Was wäre ich für ein Tropf, wenn ich dich das entgelten ließe! Ist unser Leben nicht auch so reich und schön mit unserem Kind?'

Drei Jahre nach der Geburt – endlich – war der Arzt zufrieden. Ein Jahr später kam unser Meinrad auf die Welt. Das wißt Ihr ja selbst. Dann wurde es wieder so wie das erste Mal. Und nun erwarten wir den dritten Knaben ...»

Das Christkindlein kam am Heiligen Abend. Es ging auch dieses Mal wieder sehr hart. Aber es ging. Und es war wirklich ein Knabe. Als ihn die Mutter in den Armen hielt, sagte sie: «Franz, nach vier Jahren muß nun das Mädchen kommen. Damit wir auf unsere alten Tage auch eine Stütze haben.»

«Ja, mein armes Täubchen, das wollen wir einmal abwarten. Werde erst mal wieder gesund und stark.»

Draußen sagte der Arzt: «Ich weiß nicht, was größer ist: Ihre Selbstbeherrschung oder der Mut Ihrer Frau.»

«Der Mut meiner Frau», antwortete der Oberlehrer, ohne sich zu besinnen. «Bei mir ist das nicht so schlimm. Das hat mir meine Mutter anerzogen. Selbstbeherrschung, Selbstüberwindung – immer und immer wieder. ‚Du sollst einmal ein Mann werden, kein Trauerwedel, und mußt das können, Franz.'

Schon mit drei oder vier Jahren hieß es: ‚Willst du nicht den Kaffee ohne Zucker trinken? Das Brot ohne Butter essen? Probier' einmal, wie oft du es fertigbringst. Und was du so an dir ersparst, das bringst du diesem armen Kranken...' Später, in der Schulzeit: ‚Geh mit deinem Geld in der Tasche an den Buden auf dem Jahrmarkt vorbei, am Türkenhonig usw. Kauf' dir nichts und schenke die drei Groschen morgen dem Jakob oder dem Sepp. Ein rechter Bub muß zu manchen Wünschen nein sagen können und ein frohes Gesicht machen und pfeifen...'

Die Mutter selbt hat es auch so getan.

Wenn wir Buben Streit hatten: ‚Du', sagte die Mutter, ‚hau dem Michel morgen keine herunter. Er ist ja ein frecher Bengel gewesen. Aber schau, es ist niemand daheim, der ihn richtig erzieht. Geh deines Weges und tu ihm nichts. Schimpfen und poltern kann jeder dumme Junge. Sich beherrschen ist viel schwerer...'

Und später war es auch noch so. ‚Mit den Mädchen herumziehen und so tun wie alle, das ist leicht und billig. Das kann der dümmste Laffe. Du aber mußt rein bleiben. Sei mit jedem Mädchen höflich, als wenn es deine Schwester wäre – aber mit keinem zärtlich, bis du einmal heiratest. Vergeude deine Vaterkraft nicht, daß du einmal recht gesunde und vollwertige Kinder zeugen kannst. Ein Mann geht seinen Weg gerade und sicher, nach seiner inneren Überzeugung. Ein Waschlappen läuft mit dem großen Haufen der charakterlosen Lumpen...'

Sehen Sie, durch diese Erziehung danke ich es meiner Mutter, daß meine Ehe trotz allem so voll Sonne ist und wir beide froh und glücklich sind. Ich kann auch heute nein zu meinen Wünschen sagen. Aber andere, die es nicht als Kind gelernt haben, können es einfach nicht. So kann auch der Mann rein bleiben, rein in die Ehe kommen, treu in der Ehe sein, auch in schwierigen Zeiten – wenn er will.»

Was will man da machen?

Ein Schatten liegt auf so vielen Ehen. Ein grauer, düsterer Schatten, der das Herz der Mutter nicht mehr froh werden läßt, der sie drückt und hemmt und alle Tage und überall hindert. Wo er ist, da weicht er nicht mehr. Schon am ersten Tag der Ehe kann er sich ausbreiten. Ein unentrinnbares Geschick – und leider eigene Schuld.

Wie ich das so schreibe, da steht mir nicht etwa *ein* Menschenschicksal vor Augen, auch nicht *eine* Mutter. Fünfzig, hundert, tausend fast könnte ich hier reden lassen von ihrem Leid, ihrem verschiedenartig gestalteten und doch in der Wurzel ganz gleichen Leid.

Im neuen Jahrhundert kam ‚mein erstes Kind' in einer Buchhalterfamilie auf die Welt. Es war ein netter, kleiner Haushalt. Eine Dreizimmerwohnung in den Beamtenhäusern der Fabrik. Nichts zuviel war da, aber auch nichts zu wenig. Man konnte sich so richtig gemütlich fühlen.

Sie mußte eine gute Hausfrau sein. Alles war pünktlich vorgerichtet, was man in einer solchen Stunde braucht. Für das Kleine war alles zierlich gearbeitet, nichts übertrieben geputzt. Das Abendessen für den Mann stand bereit. Auch für mich hatte sie vorgesorgt für die Nacht, falls es sehr lange gehen sollte. Die Frau selbst war sehr still, fast gedrückt. Etwas Eingeschüchtertes lag in den dunklen Augen. Irgendwo fehlte es.

Es war eine normale Geburt. Doch beim ersten Kind geht es in der Regel ja etwas langsam. Um sieben kam der Mann heim. Unwirsch, verdrießlich. «So, ist es nun glücklich so weit», ist alles, was er zu sagen weiß, da er mich am Bett seiner Frau stehen sieht. Keinen lieben Gruß, kein gutes Wort hat er für sie. Mich packt in solchen Fällen immer eine herzhafte Wut. Ohrfeigen möchte ich solche Gefühlsathleten. Vielleicht fiele es ihnen dann ein, wie auch die Frau zu dem Kind und damit zu einer solchen Stunde gekommen ist.

Die kleine Verwandte, die über diese Tage ins Haus kam, stellte ihm das Abendbrot hin. Er hockte sich in die Sofaecke, aß, steckte sich eine Zigarre an. Nach einer Viertelstunde schnauzte er mich an:

«Sagen Sie mal, wie lange soll der Zauber denn noch gehen?»

«Es kann gegen Morgen werden.»

«Eine nette Komödie ... das hat man von den Frauen, hätte nicht so pressiert, mit der Plagerei anzufangen.»

«Erlauben Sie mal!» Ich setzte meine größte Amtsmiene auf. «Es ist doch wohl Ihr Kind, und Sie sind die Ursache, daß es kommt.»

Als Antwort kommt ein undefinierbares Gebrumm. Er nimmt Hut und Mantel und geht davon. Schaut sich gar nicht nach seiner Frau um. Ich hätte ihm am liebsten den Stiefelknecht nachgeworfen. Doch ich muß mich beherrschen. Darf keinen Riß vergrößern, indem ich in unbedachter Weise daran reiße. Die arme Mutter hat den Vorfall nicht bemerkt. Nach einer Weile ruft sie ihren Mann.

«Ihr Mann ist nochmals ausgegangen.»

Die Mutter atmet aus tiefstem Grund wie jemand, der eine schwere Last tragen muß und sie einmal eine Weile abstellt.

«Da kann man halt nichts machen...»

«Lisbeth, heiraten Sie nur nie», sagt sie nach einer Weile. «Sie haben es so viel schöner. Ja, wenn die Männer nach der Hochzeit noch so wären wie vorher. Da können sie schön tun und bitten und schmeicheln, bis wir uns betören lassen und nicht mehr recht wissen, was wir tun. Dann haben sie uns in der Hand und nützen es aus; und wenn wir einmal alles verschenkt haben und bettelarm sind, dann gelten wir nichts mehr ... dann müssen wir ja froh sein, wenn sie uns heiraten...»

Gegen Mitternacht kam der Herr Ehemann heim.

«Na, ist nun Schluß?»

«Gehen Sie nur ins Bett. Wir brauchen Sie nicht. Aber wenn Sie ein rechter Mann wären, dann würden Sie nach Ihrer Frau sehen und ihr ein gutes Wort geben. Es ist doch Ihr Kind, für das sie leidet» – sage ich draußen in der Stube.

«Na, das ist aber allerhand!» Er ist ganz perplex über die Predigt.

«Das hab' ich auch schon gedacht. So rücksichtslos ist der klobigste unter den Fabrikarbeitern nicht, daß er nicht nach seiner Frau sieht, nicht mit ihr trägt.» So ließ ich ihn stehen und ging. Da kam er doch nach. Fand auch ein paar Worte und blieb in der Stube sitzen, bis das Kind kam.

«Wenigstens ein Junge. Hoffentlich brüllt er nicht die ganze Nacht.»

Als ich am Morgen wiederkam, die Wöchnerin und das Kind zu richten, hatten die Eheleute Streit. Die Mutter wünschte, daß ihre beiden Schwestern zur Taufe geladen würden.

«Halt doch dein Maul. Das mach' ich, wie ich will, verstanden?»

«Ich werde doch als Mutter auch noch etwas zu sagen haben...»

«Fang' mir nicht wieder an mit deinen Rechten. Hast mich ja haben müssen. Gelt, da warst du mit allem einverstanden, daß wir heirateten...»

Ja, was will man da machen?

Drei Tage später.

Ich schaue auf dem Weg schnell nach einer Frau, die in diesen Tagen niederkommen soll. Es ist gerade acht Uhr morgens. Ein wenig früh ja noch zu Hausbesuchen. Aber bei unsereinem hat das nichts zu bedeuten. Wir kommen zu jeder Zeit, auch bei Nacht, in die Häuser. Da kauert die hochschwangere Frau am Boden und zieht dem Herrn Mann, der auf dem Sofa hockt und Kaffee trinkt, die Stiefel an ... schnürt sie zu ... damit der Tropf, der einen ordentlichen Bierbauch vor sich herschiebt, sich nicht etwa zu bücken braucht. «Paß doch auf, alte Kuh! Wieder zu fest gebunden», schnauzt er herunter. Sie erwidert kein Wort, zieht den Bändel auf und bindet ihn anders. Knöpft ihm auch noch den Kragen ein ...

«Ist das heute wieder ein Fressen für einen Mann!»

Er schiebt die Tasse beiseite und wirft den Wecken auf den Tisch. «Nicht einmal Butter!»

«Aber Mann, es hat doch gestern keine gegeben.»

«Keine gegeben ... Wenn dir etwas daran gelegen wäre, in der Molkerei in Unterweiler gibt es sie alle Tage.»

«Das werden Sie doch nicht verlangen, daß Ihre Frau jetzt in dem Zustand noch eine Stunde bis nach Unterweiler laufen soll? Das wäre doch ein netter Spaziergang für Sie.»

«Wozu hat man seine Frau! Zum Zudecken war ich ihr recht ... aber sonst ist alles zuviel.»

Die arme Mutter kämpft mit den Tränen.

«Komm her und gib mir einen Kuß! Hast nicht gehört?»

Und sie geht und läßt sich küssen.

«Ja, was will man machen», sagt sie, als er glücklich zur Türe hinaus ist. «Ich hab' ja heiraten müssen, weil das Kind schon unterwegs war.»

«Aber es ist doch von ihm.»

«Da denken die Männer nicht mehr daran, daß sie es waren, die uns geschwängert haben. Aber alle Tage müssen wir es hören und spüren, daß wir froh sein müßten, daß sie uns nicht sitzen ließen.»

In derselben Woche sage ich zu der Frau Kern, als sie zum Waschen zu uns ins Haus kommt:

«Frau Kern, gebt ein wenig acht auf Euer Mädchen! Es kommt jetzt so in die Jahre, in denen die jungen Leute gern Dummheiten machen.»

«Meiner Tochter kann niemand etwas nachsagen», antwortet sie gleich pikiert. «Soll nur jede auf ihre aufpassen.»

Ich lasse mich nicht so schnell abfertigen, wenn ich selbst genug gesehen habe. «Na ja, Frau Kern, ob ihr jemand was nachsagt, weiß ich nicht. Jedenfalls hab' ich die Kathrin nun schon dreimal gegen Mitternacht aus dem Schulzenhof schlüpfen sehen, und mit dem jungen Knecht war der Abschied ein wenig zärtlicher, als Sie mit Ihrem Mann sind. Sie sollten so ein junges Ding am Abend nicht aus dem Haus lassen. Ein Mißgeschick ist schnell geschehen, und das Leben ist hernach so lang zu tragen.»

«Ja, da kann ich doch nichts machen. Ich kann dem Mädchen doch nichts sagen. Ich hab's ja auch vorher gehabt.»

«Frau Kern, gerade deshalb können Sie Ihrem Kind doch sagen, daß es den gleichen Fehler nicht machen darf, den Sie gemacht haben. Sie haben es doch zur Genüge erfahren, wie schwer die Frau an einer solchen Entgleisung zu tragen hat (ihr Mann verhaut sie nämlich alle paar Wochen einmal!). Sagen Sie es doch Ihrem Kind: «Weil ich es erfahren mußte, so will ich dich vor dem gleichen Geschick bewahren...»

Sie tat es natürlich nicht. Acht Wochen später fragte sie mich, was da zu tun sei. Ihre Tochter habe die Periode nicht bekommen, fühle sich nicht wohl. Nun, dieses Mal war ich es, die sagte: «Ja, da kann man nichts machen – als warten, bis das Kind auf die Welt kommt, Frau Kern.»

«Halt du doch dein Maul! Du hast mich ja haben müssen! Warst ja froh, daß du mich bekommen hast! Ja, da kann man halt nichts machen...» In den ersten Jahren hab' ich mir oft und oft den Kopf darum zerbrochen, worin es wohl beruhen mag, daß so viele Männer ihre Frauen gar nicht achten und schätzen. Daß die Frau ihnen so oft gar nichts mehr gilt. Daß sie dem Mann nicht mehr ist als irgendein Stück Hausrat, das man nun einmal braucht. Daß so viele Männer gar keine Rücksicht nehmen auf die Frau, kein gutes Wort für sie haben, immer nur fordern, verlangen, wie es sich keine Magd gefallen ließe. Selbst in dem, was sie Liebe heißen ... Ja, gerade darin haben all diese Frauen gar keinen Einfluß auf den Mann, keinen Willen ihm gegenüber. Es ist, als ständen sie unter einem seelischen Druck, der sie gar nicht mehr anders handeln läßt. Und wenn ein besonderer Anlaß es einmal mit sich bringt, daß man davon spricht, ist immer das erste und letzte: ‚Da kann man halt nichts machen.'

Dann habe ich diese Beobachtung einmal auf einer unserer Hebammen-Konferenzen angebracht. Ob andere wohl die gleiche Erfahrung machen und einen Grund dafür wüßten? Da sagte der Herr Direktor der Hebammenschule, der uns einen Vortrag über neue Desinfektionsmittel und Methoden gehalten hatte:

«Sie haben gut beobachtet, und ich kann Ihnen das Rätsel lösen. Die Frau muß eine Königin sein und rein in die Ehe kommen. Dann achtet der Mann sie, und sie hat eine ganz andere Stellung im Haus. Aber wenn es vorher in dem Punkt nicht gestimmt hat, hat er wenig Achtung vor ihr. Da kommt dann die ganze Brutalität unserer Mannesnatur zum Durchbruch. Die Frau hat ihre seelische Sicherheit verloren und die Achtung vor sich selbst. Sie war froh, daß die Folgen der schwachen Stunde durch die Ehe verdeckt wurden, und getraut sich nicht mehr recht, ihre Menschenwürde zu verteidigen.

Reinheit spielt eine unendlich große und wichtige, schicksalsschwere Rolle im Eheleben des einzelnen, wie in der Geschichte der Völker.»

Vier Fehlgeburten

Eines Morgens ganz früh, so gegen vier Uhr, kommt der Bäckergesell aus Unterweiler angeradelt. Ich sollte schnell nach der Meisterin schauen. Da bin ich erschrocken. Die war vor einigen Tagen bei mir und trägt ein Kind so etwa im vierten Monat. Was soll da sein? Also schnell in die Kleider und auf das Rad. Hinaus in die sehr kühle Mailuft. Es sind gerade Eisheilige. Sie machen ihrem Namen alle Ehre. Eine Hebamme muß eine Gesundheit haben wie Stahl und Eisen, sonst kann sie nicht durchhalten. Da denkt niemand daran, wie oft man uns am späten Abend, mitten in der Nacht oder am frühesten Morgen aus dem Bett jagt, Sommer wie Winter, bei Regen und Hitze: ‚Schnell, schnell, es ist etwas los!'

Die junge Bäckersfrau, die das erste Kind trägt, hat eine starke Blutung. Sicheres Anzeichen einer Fehlgeburt. Aber wie ist das möglich so am frühen Morgen? Sie ist doch eine gesunde Frau, der so etwas nicht passieren sollte. Ich schicke den Lehrling wieder weg, den Arzt zu benachrichtigen. Frage inzwischen vorsichtig hin und her, was Grund und Ursache sein könnte.

Was sie denn gestern gearbeitet habe? Etwa gewaschen? Oder Wasser in den Garten getragen? Ob sie etwa schwer gehoben oder sich gestoßen habe?

«Aber nein, es war gar nichts. Ich hab' doch nur den kleinen Haushalt und manchmal im Laden zu helfen. Das ist keine schwere Arbeit. Der Arzt sagt ja, ich solle nur die gewohnte Tätigkeit beibehalten.»

Ob sie denn gefallen sei? Oder Rad gefahren sei? Oder sich über irgend etwas sehr erschreckt habe?

Gar nichts war gewesen. Sie sei ganz wohl zu Bett gegangen. Auch all die Tage vorher hat sich nichts ereignet.

So stand ich eigentlich vor einem Rätsel. Als der Arzt kam und ich ihm sagte, es sei durchaus kein Grund zu finden, entgegnete er mir: «Lisbeth, Ihr denkt an alles – nur nicht daran, daß die Leute verheiratet sind und keinen Begriff mehr haben von einer Hygiene der Ehe. Kein Verantwortungsgefühl mehr für das kommende Geschlecht ...»

Nein, daran hatte ich wirklich nicht gedacht. Doktor Wille stellte nur eine Frage. –

Als die junge Bäckersfrau begriffen hatte, daß das Kindlein nun zu früh auf die Welt komme und tot sei, war sie untröstlich. Sie hatte sich so auf das Kind gefreut. Der Kinderwagen stand schon bereit, die ganze Aussteuer. Statt, daß sie es nun im Wagen fahren durfte, mußte sie es begraben lassen. Wir hatten Mühe, sie zu trösten. Nur die Hoffnung, daß sie ja wieder ein Kleines bekommen könnte, richtete sie einigermaßen auf.

Sobald sie das Bett verlassen konnte, mußte sie nach Vorschrift des Arztes sogleich drei Monate in ein Sanatorium. Frisch und munter kam sie zurück. Und nach einigen Wochen stellte der Arzt bereits eine neue Schwangerschaft fest. Dieses Mal ging Doktor Wille zu dem Bäckermeister und sagte ihm, daß er seine Frau nun schonen müsse. Nachdem sie einmal eine Fehlgeburt gehabt habe, bestehe die Gefahr, daß sich das Unglück wiederhole, wenn der eheliche Verkehr nun weiter ausgeübt werde. Er dürfe das Leben seines Kindes nicht aufs Spiel setzen und auch das Leben seiner Frau nicht, denn eine Fehlgeburt sei durchaus keine harmlose Sache. Soviel Selbstbeherrschung müsse ein Mann aufbringen... Doch der Bäckermeister wußte nur eines zu entgegnen: «Wozu hat man denn seine Frau?»

Und richtig. Nicht sehr lang danach hatte die arme Bäckersfrau wieder einen Abort. Nun versuchte ich es, ihr klarzumachen, daß sie bei einer erneuten Empfängnis sich ihrem Mann versagen müsse des Kindes wegen. Sie beharrte aber darauf, daß es doch Pflicht der Frau sei, den ehelichen Verkehr zu leisten. Es ist ja leider so, daß man den Frauen in früheren Jahren nur ihre Pflichten eingepaukt hat und niemals ihre Rechte. Ein gut Teil der heutigen Zügellosigkeit der Männer ist sicher darauf zurückzuführen, daß man es den Frauen im Gewissen unmöglich gemacht hat, sich gegen zu große Anforderungen rechtzeitig zu verwahren. Noch zweimal habe ich eine Fehlgeburt bei der Bäckersfrau erlebt. Ein Kind bekam sie erst 1915, weil der Mann damals zur rechten Zeit im Feld war. Nun fing sie doch an, uns zu glauben. Der Bäcker erhielt Urlaub zur Kindtaufe. Zum Glück für die Mutter erst drei Wochen nach der Geburt. Da ich auch bei der Taufe war, habe ich manches gesehen.

«Ihr Männer, lebt in vernünftiger Weise mit euren Frauen zusammen...!»

Mein goldiger Schatz

Ein neuer Postmeister hat seinen Einzug gehalten bei uns, ein noch verhältnismäßig junger Mann. Nun ja, wir sind auch kein Postamt erster Klasse. Wenn die Fabriken nicht wären, dann hätten wir wohl noch – wie in früheren Jahrzehnten – nur eine Postagentur. Aber die Spinnerei hat für die Post Arbeit gebracht, besonders seit die Textilfabrik angeschlossen wurde, die auch im kleinen Umfang Ware abgibt.

Dieser neue Postmeister ist eine hochinteressante Persönlichkeit; denn er hat noch keine Frau. Das ist das Wichtigste an ihm. Das setzte ihn sofort bei seinem Auftauchen in den Mittelpunkt des allgemeinen Interesses. Die Töchter der besseren Angestellten einerseits und die der Großbauern andererseits wetteiferten nun miteinander, Briefmarken zu kaufen oder eine postalische Auskunft einzuholen, wenn der Herr Postmeister selbst anwesend war. Und die Mütter der heiratsfähigen Töchter konnten es gar nicht erwarten, daß er endlich seinen Antrittsbesuch machte. Ja, so ein einfangbares, heiratsfähiges, männliches Individuum ist ein wichtiger Gegenstand! Aber noch ehe der interessante Mann sich in die Gesellschaft einführte, trat ein neues Ereignis ein. Er wandelte eines Sonntags durch den Ort und hatte ein weibliches Wesen am Arm, das er an der Bahn in Empfang genommen hatte. Das Wesen trug einen Humpelrock, so daß es Schrittchen machen mußte wie ein Huhn, das legen will. Ein Hut von siebzig bis achtzig Zentimeter Breite saß auf dem Kopf, recht schwungvoll schief, mit drei Hutnadeln festgespießt – ja, so war es einmal.

Bei uns war man diese öffentliche, fast möchte ich sagen, ausgeschämte Art des Poussierens damals noch nicht gewohnt. So stand natürlich alles auf der Straße still und sah dem Paar nach und machte seine mehr oder weniger anzüglichen Bemerkungen darüber.

An diesem Sonntag machte der neue Postmeister seine Besuche und stellte auch zugleich seine Braut vor. Da am Nachmittag gerade das jährliche Kriegsvereinsfest war, brachte er sie mit dorthin. Das ganze Dorf – noch mehr aber die Arbeiterbevölkerung – mokierte sich über die beiden. Das Mädchen konnte nicht einen Augenblick den Mann in Frieden lassen. Bald streichelte man sich die Hände, bald trat man sich auf den Fuß, bald hing sie ihm am Arm. Und als alle sich darüber aufhielten, raunte der Vorstand des Kriegervereins dem Postmeister etwas leise zu. Er bekam einen roten Kopf und schob seine Braut ein wenig beiseite. Kurz darauf zogen sie es vor, zu verschwinden. Natürlich ging man in die Weinwirtschaft zum Herrmann.

Am Abend traf ich das Paar noch einmal, als es dem Bahnhof zustrebte. Es war ziemlich dunkel, aber doch hell genug, um zu beobachten, daß die beiden auch jetzt nicht wußten, was sich gehörte. Ich hätte das Mädchen am liebsten geschüttelt. Wenn auch die Frau so aus allen Fugen gerät, vor der Hochzeit schon jedes Maß verliert, was soll man da von dem Mann erwarten? Was soll das für eine Ehe werden?

Endlich war es soweit. Die Hochzeit fand nicht bei uns statt, sondern in der Heimat der Braut. Nach der üblichen Hochzeitsreise hielt das junge Paar seinen Einzug in die Dienstwohnung im Postamt.

Am ersten Morgen um halb zehn kam die Frau Postmeister auf das Büro (die Wohnung ist im ersten Stock), küßt ihr Männchen und flötet: «Schatzi, komm doch Kaffee trinken.»

«Du siehst doch, daß ich Dienst habe.»

«Ach Schatzi, nur ein Viertelstündchen, sonst schmeckt es mir gar nicht», und zupft und stupst und bettelt so lange, bis er die Arbeit liegenläßt und mitgeht. Es ist noch eine Postgehilfin da.

Um elf Uhr war die Frau Postmeister schon wieder unten. «Schatzi, du kommst aber lange nicht zum Vespern. Da muß ich zu dir kommen...»

«Ich habe heute keine Zeit. Iß nur mal allein...!»

«Nein, das kann ich wirklich nicht... Magst du mich denn nicht mehr...», und hängt ihm am Hals. «Mein einziger, goldiger Schatz...» So geht es weiter den ganzen Tag. Sie kann nicht sehen, wenn er auf einem Stuhl sitzt. Sofort hockt sie ihm auf dem Schoß. Wenn er die Zeitung liest, hängt sie ihm am Hals. Er muß ihr die Kleider auf- und zuknöpfen. Mit den intimsten Dingen kommt sie ungeniert ins Büro. Das Dienstmädchen – eine einfache, biedere Seele – kündigt nach drei Wochen die Stellung und geht.

Ja, du mein einziger goldiger Schatz...

Es ist alles nur eine Weile schön.

Wo die Frau es nicht versteht, den Mann in Achtung und echter Hingabe zu lieben, kann keine dauernde, gegenseitig beglückende Gemeinschaft wachsen.

Bald hatte der Postmeister von der lästigen Aufdringlichkeit seiner Frau genug.

Als ein Kind kam, fing er an, abzubauen und schützte die Rücksicht auf das Kind vor. Dafür aber hatte die junge Frau nicht das geringste Verständnis. Im Gegenteil: die Launenhaftigkeit, die eine Schwangerschaft bei unerzogenen Frauen eigentlich immer mit sich bringt, konzentrierte sich bei ihr immer mehr auf das sinnliche Gebiet. Je kühler er wurde, um so anspruchsvoller wurde sie.

Wenn sie nun auf das Büro kam, ihn mit Zärtlichkeiten zu überfallen, wehrte er kurz und bündig ab: «Laß doch das! Weißt du nicht, daß der ganze Ort schon über uns lacht?»

«Barbar, du magst mich nicht mehr ...! Ist es etwa nicht dein Kind?» fing sie dann zu heulen an, daß er Mühe hatte, sie wieder in die Wohnung zu bringen.

Kleinigkeiten, die einst nicht beachtet worden waren, gaben nun Anlaß zu Zank und Streit. Sie hatte vergessen, Kragenknöpfe zu kaufen, und er brauchte einen. «Ach, das macht doch nichts, Schatz. Bekommst zehn Küsse dafür als Ersatz.» – «Damit kann ich meinen Kragen nicht zuknöpfen!» schrie er wütend und schlug die Tür zu. Das hatte zunächst einen Schreikrampf zur Folge, und als dieser nicht zum Ziel führte, versuchte sie mit einem Selbstmordversuch Eindruck zu machen. Sie sprang aus dem Fenster. Dabei brach sie sich zwar nur den Fuß; denn der erste Stock war nicht sehr hoch. Doch ein Abort folgte, wie zu erwarten war. Die telegrafisch herbeigerufene Schwiegermutter rang die Hände...

Ja, mein einziger, goldiger Schatz...

Wie furchtbar arm sind doch solche Ehen, die nur auf ein wenig gegenseitiges Geld hin geschlossen werden! In denen kein Ewigkeitsglaube einen festen, tragbaren Grund gelegt hat auch für Sturmzeiten! An diesem Bett kam mir zum erstenmal der ganze abgrundtiefe Gegensatz zwischen der alten und der neuen Eheauffassung zum Bewußtsein. Hier war auch gar nichts Höheres zu finden. Nur ein schrankenloses Sich-selbst-Suchen, ein Beglücktsein-Wollen um jeden Preis. Aber kein Begreifen, daß ein wirkliches Glück nur durch Beglücken anderer, nur durch ein Verlassen seiner selbst zu finden ist; überall im Leben und zutiefst auch in der Ehe.

Es ging, wie es nach den gegebenen Voraussetzungen eigentlich gehen mußte. Während der Krankheit seiner Frau knüpfte der Ehemann, der die so ungeübte Enthaltsamkeit nicht leisten wollte, andere Beziehungen an. Er war darin gar nicht anspruchsvoll. Das Dienstmädchen im Haus – die Gehilfin im Büro. Und die Postmeisterin ging zur Erholung in einen Kurort und machte es dort ebenso. Dann kam eine Ehescheidung und zugleich eine Versetzung des Postmeisters. Damit wäre die Geschichte für unseren Ort zu Ende gewesen, wenn nicht die arme Postgehilfin die Folgen zu tragen gehabt hätte. Davon will ich nachher noch erzählen.

Gottvertrauen wirkt Wunder

Ein furchtbares Pech hatte die arme Frau Schmitt. Nun hat sie in den vergangenen Jahren schon drei Kinder geboren. Immer waren es schwere Geburten, und jedesmal war das Kind in die Nabelschnur verwickelt und erstickt. Alle drei Kinder.

Was das für eine Mutter bedeutet, vermag niemand zu beschreiben. All die Schmerzen, all die Not, alles umsonst. Zum Lohn für alle Beschwerden und Leiden, für Todesangst und Todesmut – ein totes Kind. Statt einer frohen Kindtaufe ein stilles Begräbnis...

Nun sind es fünf Jahre seit dem letzten Fall. Die armen Eltern haben begreiflicherweise nicht mehr den Mut, nochmals ein Kind zu zeugen. Doch es nagt und zehrt an ihnen ohne Aufhören. Warum gerade uns? Wir hätten so gern Kinder, und uns sind sie nicht gegönnt. Und andere, die sie gar nicht mögen, bekommen mehr als genug... Da kommt in diesen Tagen die gute Frau Schmitt zu mir und läßt sich aufschreiben. Ich traue meinen Ohren nicht. Doch sie beharrt darauf: «Es wird wohl ein ‚Osterhäslein' werden.» Ganz frohgemut ist sie, wie ich sie seit Jahren nicht mehr gesehen habe. Und ehe ich fragen kann, was den Umschwung in der Stimmung herbeigeführt habe, erzählt sie auch schon:

«Sie wundern sich, daß wir es noch einmal wagen? Das will ich Ihnen erzählen, wie es kam. Mein Mann ist diesen Sommer bei einem Verwandten gewesen, einem geistlichen Herrn. Er hatte uns schon lange eingeladen. Aber wie es eben so geht: wir hatten ja keine Freude mehr am Leben. Nun habe ich dieses Jahr gesagt, er solle in Gottes Namen einmal gehen. Es wird ja doch nicht anders. Natürlich haben die Männer so über alles gesprochen, auch darüber, daß wir keine Kinder haben. Da hat der Pfarrer gesagt: ‚Ich weiß einen guten Rat, der schon vielen geholfen hat. Die Kinder haben doch einen Schutzengel. Von der Stunde der Empfängnis an ist ein Engel Gottes jedem Kind beigegeben auf seinem Lebensweg. Nun gut, so betet alle Tage miteinander zu Gott um eine gute Geburt. Und wenn ihr ein richtiges Vertrauen habt, so wird es auch gut werden.' So haben wir es gehalten bis jetzt, und so machen wir auch weiter. Ach, wir freuen uns ja beide so sehr auf das ‚Osterhäslein', das uns Gott geben wird.»

Ich getraue mich nicht, vor gar zu großer Hoffnung zu warnen. Aber wenn das eine Enttäuschung wird? Ist es nicht doch zuviel Vertrauen? Freilich, so sagt der Herr: «Ihre Engel schauen immerdar das Angesicht des Vaters, der im Himmel ist.» Und ein andermal steht in der Heiligen Schrift zu lesen: «Siehe, ich sende meinen Engel, daß er vor dir herziehe und dich auf dem Weg bewahre und dich führe an den Ort, den ich bereitet habe. Habe acht auf ihn und höre seine Stimme und gedenke nicht, ihn verschmähen zu dürfen. Wenn du sündigst, wird er dir nicht verzeihen, und mein Name ist in ihm. Wenn du aber seine Stimme hörst und alles tust, was ich sage, will ich der Feind deiner Feinde sein und schlagen, die dich schlagen. Und mein Engel wird vor dir hergehen.»

Aber trotz allem ... ich glaube, ich hätte mich nicht getraut, solche Hoffnungen zu wecken.

Mit Angst und Bangen sah ich dem «Osterhäslein» entgegen. Dieses Mal war meine Sorge um vieles größer, als die der Mutter. Frau Schmitt war so fest überzeugt, daß der Schutzengel helfe, daß überhaupt kein anderer Gedanke an sie herankam. Und ich sorgte mich Tag und Nacht: es wird doch keine Enttäuschung werden ... es wird doch nicht. Wie sollte sie es ertragen, wenn nun zum viertenmal all die Not und all die Schmerzen, die sie einem Kind zulieb wieder auf sich genommen hatte, umsonst wären ...

Dann saß ich Stunde um Stunde bei der Mutter am Bett und wartete – wartete und betete. Nur mit Mühe konnte ich mich zur Ruhe zwingen. Und um mich her eine Zuversicht, ein Erwarten ... Ich brachte es nicht fertig, ein Wort zu sagen, daß man die Hoffnung nicht überspannen sollte. Ein Wort der Vorsicht, daß die Enttäuschung nicht zu groß würde ... Meine Hände zitterten fast vor innerer Erregung, als das Kind endlich, endlich kam ...

Ein gesunder, kräftiger Bub!

Ehe ich es sagen konnte, fing er zu schreien an, daß es eine Freude war. Selig streckte die Mutter die Hände nach ihm aus. Und der Vater sagte: «Gott hat geholfen. Nun soll er auch Michael heißen wie der Fürst der himmlischen Heerscharen, daß wir es nie vergessen können, wem wir unser Kind verdanken.»

Die Freude ließ sich nicht einfangen in das kleine Bauernhaus. Sie sprang die Straße hinauf und hinab, durch den ganzen Ort.

Leben oder Tod

Im Forsthaus draußen, im dunklen Tannenwald, war schon lange die graue Sorge eingezogen. Die Försterin war krank. Erst hatte sie eine Nierenentzündung, der sie keine große Beachtung schenkte. Es gibt bekanntlich zwei Sorten Frauen. Die einen pflegen sich zuviel, lassen für nichts den Kopf hängen und den Arzt rufen. Und die anderen achten viel zu wenig auf ihre Gesundheit, glauben nichts ernstnehmen zu müssen; solange sie noch umherkrabbeln können, sind sie nicht krank. Die Försterin gehörte zu der letzteren Sorte. Sie hatte auch nicht viel Zeit, sich zu pflegen. Es waren fünf Kinder im Haus. Das älteste Mädchen war wohl dreizehn Jahre alt und hätte der Mutter gut an die Hand gehen können. Aber es war ein gar unruhiges und zerfahrenes Ding. «Genau der Vater in seinen jungen Jahren», sagten alte Leute. Für ein Mädchen ist das aber viel schlimmer als für einen Burschen, wenn es nirgends Ruhe hat und überall sein will und zu gar nichts kommt vor lauter ‚Laß-mich-auch-mit'. Da wird der Weg bald schlüpfrig, und ehe man sich's versieht, ist ein Unglück geschehen.

Im Haus war das Mädchen zu nichts zu gebrauchen. Es stand am Herd und ließ die Milch überlaufen, stellte die Kartoffeln ohne Wasser auf das Feuer. Es trug den Kaffee in den Stall und holte den Topf mit Geißenfutter auf den Tisch zum Vespern... Gott weiß, wo es seine Gedanken hatte! Nur fort aus dem Haus! Im Ort umherstehen. Hier etwas aufschnappen und dort etwas anstellen. Das Kind war der Mutter größte Sorge. Nicht selten ging sie ihm trotz ihrer Nierenentzündung bei Regen und Schnee bis in das Dorf entgegen, wenn die Strickstunde im Winter spät aus war oder sonst ein Umstand das Mädchen im Ort zurückhielt. Um die Fastnachtszeit herum aber fing die Mutter an zu husten und zu fiebern. Eine Lungenerkrankung war hinzugekommen.

Jetzt mußte man zum Arzt gehen. Im ersten Haus des Ortes, wenn man zum Wald herauskam, wohnte Doktor Marx. So kam der Förster nicht bis mitten in den Ort, sondern holte den Nächstwohnenden. Der stellte eine Schwangerschaft im dritten Monat fest, eine Nierenentzündung und einen Lungenkatarrh; ordnete an, daß die Försterin in das Krankenhaus gehe. Die Schwangerschaft müsse vor allem abgebrochen werden, sonst würde sie die Geburt nicht überleben.

Schwere Tage folgten in der Försterfamilie. Am Abend, wenn die Kinder im Bett waren, saßen sich Vater und Mutter gegenüber.

«Nun haben wir fünf Kinder. Das sechste findet auch noch Brot und auch noch ein Bett. Es wird auch wieder groß werden. Und nun sollen wir es umbringen lassen...»

«Es ist nicht wegen des Kindes, Mutter. Das wäre mir schon lieb und recht. Aber wenn du stirbst? Ist es nicht besser, wenn das kleine Kind stirbt? Denk' doch, was soll aus den anderen werden? Was soll das Kleine werden ohne dich, ohne Mutter?»

«Weiß man denn sicher, ob ich sterben werde? Weiß man, ob ich nicht gerade dann sterbe, wenn man das Kind wegnimmt? Denk' doch daran, Mann, wie es im letzten Jahr im ‚Hirsch' gegangen ist. Da hat gerade der Doktor Marx auch gesagt, er müsse die Schwangerschaft abbrechen. Und die Wirtin ist an dem Eingriff gestorben.»

«Es ist aber auch schon oft gut gegangen dabei. Warum sollt' es gerade bei dir nun schief gehen? Ich kenne mehr als eine Frau hier am Ort, bei der Marx schon zwei- oder dreimal die Schwangerschaft abgebrochen hat. Wenn wir Männer beisammen sitzen, wird allerhand erzählt. Nicht nur von den Buchen und den Hasen. Die eine hat es auf den Nerven und die andere am Herzen. Na ja, man kann darüber denken, wie man will. Ich bin nicht Arzt und habe es nicht zu verantworten. Aber ich denke, wenn eine Frau ganze Nächte durch tanzen kann und skifahren und rodeln mit ihrem scheinbar schwachen Herzen und ihren angegriffenen Nerven, dann könnte sie ihr Kind auch austragen, wenn sie nur wollte ...»

«Erinnerst du dich nicht an die Ausstellung, Mann, die wir einmal miteinander besucht haben? Weißt du noch, wie niedlich die Kindlein schon mit zwei und drei Monaten waren? Wie sie uns gedauert haben, daß man sie dort so herzlos in Spiritus aufbewahrte wie Schlangen und Kröten, und es waren ja doch kleine Menschenkinder. Weißt du noch, wie es dich erbarmt hat vor zwei Jahren, als Tante Ella hier war und einen Abort hatte? Das arme kleine Ding, das seine Händlein bewegte, als wollte es bitten ... und niemand konnte ihm helfen, weil es noch gar zu klein war.»

«Ich weiß, Mutter, ich weiß wohl. Aber wenn du uns stirbst, was dann? Wenn das Kind da ist und du stirbst – was soll dann aus ihm werden? Dann wird es ja doch auch zugrunde gehen.»

«Schau, Jakob, wenn wir so reden, dann ist es mir, als ob dem Kleinen in meinem Schoß das Herzlein stillsteht vor Schreck, weil es unsere Worte hört. Als ob auch es seine Händlein bewegte und bitten wollte: Laßt mich doch am Leben! Ihr habt mich ja auch ins Dasein gerufen. Ist ein Menschenleben nicht heilig auf Erden? Heißt nicht Gottes Gebot: Du sollst nicht töten? Und ihr wollt mir Vater und Mutter sein – habt mich zum Leben erweckt – und könnt auch nur ein Wort darüber verlieren, ob ich nun leben darf oder nicht?»

«Mutter, ich wollt' ja gewiß nicht dazu drängen, aber wenn du stirbst? Was hat das Kind dann? Ist es dann besser dran?»

«Ganz gewiß, Jakob, ist es besser dran. Dann mußt du ihm Vater und Mutter sein. Das schlechteste Leben auf Erden ist besser als keines. Es ist ein Geschöpf Gottes und hat ein Recht auf Leben. Ach, was halten wir Menschen uns denn für so wichtig! Wie viele Kinder haben weder Vater noch Mutter und leben doch. Wenn Gott mich wegnimmt von der Welt, dann wird er den Waisen Mutter sein. Ach ja, wir glauben immer, es gehe nicht ohne uns. Und doch kann Gott seine Welt regieren und braucht nicht einen einzigen von uns dazu . . .»

Am Sonntag nach der Kirche ging der Förster mit seiner Frau zu Doktor Wille. Nach einer eingehenden Untersuchung verordnete dieser größte Schonung; verschrieb zur Stärkung einige Medikamente, vor allem aber Milch, Eier und Obst. «Können Sie sich beschaffen, was Sie brauchen? Sie dürfen die Sache ja nicht leicht nehmen, besonders in Ihrem Zustand. Können Sie eine Hilfe ins Haus nehmen? Wenn nicht, dann besorge ich Ihnen eine Pflegerin kostenlos ... Wir sind doch dazu da, wir Christen, daß wir einander helfen.»

«Es kann schon jemand von der Verwandtschaft eine Weile kommen, Herr Doktor. Aber – Sie haben davon nichts gesagt bis jetzt – ist es gewiß wahr, daß die Schwangerschaft abgebrochen werden muß?»

«Mancher Arzt würde Ihnen dies als erste Hilfe verordnen. Und sicher ist, daß dieses Kind – wie überhaupt ein jedes – einen großen Kraftverbrauch für die Mutter bedeutet. Jedes Kind ist aber auch zugleich eine Kraftquelle für die Mutter. Es bestehen da wechselseitige Beziehungen, über die wir uns noch lange nicht so klar sind, daß wir uns ein bestimmtes Urteil anmaßen könnten. Ich stehe auf dem Standpunkt: Es ist heilige Pflicht des Arztes, das Leben zu schützen – jedes Leben. Das ist sein Beruf, nicht aber zu töten. Auch nicht um vermeintlicher Vorteile willen für eine andere Person. Auch halte ich die Folgen eines Eingriffs, die ja durchaus nicht etwa örtlich beschränkt sind, sondern den ganzen Organismus einschließlich Herz und Nerven und Gemüt umfassen, für verhängnisvoller als eine Schwangerschaft. Aus diesen Erwägungen kann ich mich nie dazu entschließen, einen Abbruch vorzunehmen, wenn nicht eine direkte momentane Todesgefahr der Mutter dies erfordert. Das kommt zum Glück sehr selten vor. Ich behandle die kranke Mutter und bekümmere mich möglichst nicht um das Kind.»

«Und glauben Sie auch, daß meine Frau an dem Kind zugrunde gehen wird?»

«Nach menschlichem Urteil wird sich das Leiden wohl etwas verschlimmern, bis die Schwangerschaft vorüber ist. Es können auch bei der Geburt leicht Komplikationen eintreten. Ob es gut geht oder nicht, das entzieht sich in Wahrheit unserer Beurteilung. Gerade auf diesem Gebiet kann man die sonderbarsten Überraschungen erleben. Darum, liebe Mutter, denken Sie, daß alles Leben auf Erden in der Hand eines Höheren steht, und sorgen Sie sich nicht zuviel. Bekümmern Sie sich um die nötige Pflege, und lassen Sie die Dinge ruhig sich weiterentwickeln ...»

Es kam eine Verwandte als Hilfe in den Haushalt. Die Frau Förster ließ sich pflegen, so gut das eine Mutter mit fünf Kindern fertigbringt. So ging der Winter vorbei. Der Doktor schaute jede Woche herein und brachte immer etwas mit, «was kranke Mütterlein brauchen können». Wesentlich schlechter war die Gesundheit nicht geworden. Als der Frühling seinen Einzug hielt und warme Sonne im Wald lag, schien es, als ob das Allgemeinbefinden gute Fortschritte machte.

Und am Himmelfahrtstag war ein Büblein da. Ein paar Wochen zu früh, wollte mir scheinen. Doch der kleine Bursche war kerngesund und krähte mit dem Hahn um die Wette. Es war ganz gut gegangen. Dank der guten Pflege war die Gesundheit der Mutter besser als vor einem halben Jahr. Doch stillen durfte sie das Kind nicht. Am vierten Tag nach der Geburt schickte die Verwandte die dreizehnjährige Berta in die Küche, auf dem Spirituskocher die Flasche für das Kleine warm zu machen. Berta hatte aber ihre Gedanken wieder nicht bei der Arbeit. Ehe man sich's versah, war das vierjährige Schwesterlein den Flammen zu nahe gekommen und hatte Feuer gefangen. Mit fürchterlichem Geschrei rannte das Kind in die Stube. Die Verwandte stand starr vor Schreck. Die Mutter aber sprang aus dem Bett, erstickte die Flammen mit der Decke. Dem Kind war nicht viel Leid geschehen. Die Mutter jedoch schüttelte sich plötzlich im Schüttelfrost, daß die Zähne klapperten und das Bett mit in Bewegung geriet. Eine fast unstillbare Blutung trat ein. Bis der Arzt geholt war – ich war in Unterweiler bei einer Geburt –, war es schon fast zu spät. Der Schreck, die Blutung, eine plötzlich auftretende Herzschwäche...

Am dritten Tag schon stand ein tapferes Mutterherz still. An der Leiche kniete der Vater mit dem Jüngsten im Arm. «Der Mutter Vermächtnis», sagte er zu den Kindern. «Um dem Brüderlein das Leben zu geben, um das Schwesterlein vor dem Flammentod zu retten, ist eure Mutter gestorben. Nur allein aus Liebe zu euch. Jetzt zeigt euch einer solchen Mutter wert im Leben.»

Die Berta hatte böse Tage. Niemand hatte ihr den Vorwurf gemacht, aber sie selbst fühlte sich schuldig am Tod der Mutter. Ich mußte manche Stunde mit dem Kind mich bereden, es vor weiteren Torheiten abzuhalten. Der Mutter Vermächtnis, der kleine Bruder, schlug die Brücke. Die Sorge um das Kind gab dem Mädchen Lebensinhalt und Lebensmut zurück. In treuer Pflichterfüllung war die Mutter gestorben. In treuer Pflichterfüllung lernte nun auch Berta, der Mutter Vermächtnis zu betreuen. Ihr Leichtsinn und ihre Flatterhaftigkeit waren entschwunden bei dem furchtbaren Ereignis. Es war nicht leicht für die Dreizehnjährige, den Haushalt mit den fünf kleinen Geschwistern zu führen. Doch es gelang.

Der kleine Hans, der Mutter Vermächtnis, ist heute des alten Vaters junger Gehilfe und treuster Kamerad. Ein Segenskind.

Ich muß für zwei essen

Die große Bäckerei und eine gut gehende Gastwirtschaft mitten im Ort gehören dem Huber. Er arbeitet mit zwei Gesellen. Wenn es Markttag ist, weiß man keinen Stuhl mehr zu bekommen beim Huber, obwohl dann noch zehn andere im Ort wirten. Das ist so eine alte Sitte, daß an Markttagen auch Bäcker und andere kleine Gewerbetreibende wirten dürfen, die sonst keine Konzession haben. Und die Huberin, seine Frau, greift auch tüchtig mit an. Sie ist eine ganz ordentliche Frau, aber ...

Ja, aber ... Wenn bei der Huberin ein Kind kommt, dann gerät sie ganz aus den Fugen. Eben scheint es wieder so zu sein. Wie ich gestern zu meinen Frauen gehe, steht die Frau des Hauptlehrers unter der Haustür.

«Die Huberin ist krank», sagt sie mit ehrlichem Bedauern. «Die sieht ja aus zum Erbarmen. Gestern abend kommt sie zu mir und sagt, ich soll ihr doch einmal Knödel machen. Sie könne daheim gar nichts essen. Wenn es woanders herkäme, dann würde es ihr vielleicht schmekken.»

«Na, der Huberin ihre Krankheit wird schon wieder ins Kissen fallen», gebe ich zurück. «Die ist nun schon dreimal so närrisch gewesen – und die Kinder geraten danach.»

«Muß denn das so sein? Ich habe erst gestern zu meinem Mann gesagt, das wäre ja schrecklich, wenn ich auch einmal so umtreiben würde.»

Der Hauptlehrer ist jung verheiratet und noch nicht lange im Ort.

«So ein wenig eine Neigung zum Launisch- und Verdrießlichsein-Wollen, zum Sich-gehen-Lassen oder eine Unruhe und Erregtheit bringt der Zustand bei den meisten Frauen mit sich. Aber da heißt es halt: die Zähne zusammenbeißen und nicht nachgeben. Sich selbst beherrschen. Wenn man da mit gutem Mut und einem frohen Gesicht zu sich selbst sagt: Bist wohl verrückt, Karoline! So etwas gibt es einfach nicht bei uns daheim und anfängt, ein Lied zu singen oder zu pfeifen – dann ist es gleich vorbei, und man bleibt normal. Das können wir Frauen doch schon alle Monate beobachten, daß an bestimmten Tagen das Gemütsleben mit hineingezogen wird in das körperliche Geschehen, weil der Mensch eben nicht aus zwei getrennten Teilen besteht, sondern Leib und Seele und Herz und Gemüt ineinander hängen. Aber da hat die Mutter der Huberin schon den Unsinn gemacht und hat dem Mädchen alle Dummheiten und Launen durchgehen lassen. Es war halt das einzige Kind. ‚Mein Annele kann dies nicht vertragen und kann jenes nicht tun', hieß es immer. Und heute ist das Annele zum Spott im ganzen Ort, wenn so die Monate da sind.»

«Das will ich mir aber gut merken, wenn es mich einmal angeht.»

«Denkt dabei: Es geht um das Kind. Das Kleine unter dem Herzen der Mutter wird durch ihre eigenen Launen schon verzogen. Wenn die erwartende Mutter froh und guter Dinge ist oder allen Launen nachgibt, oder wenn sie im Zorn alles zusammenschlägt. Die Mutter gibt dem Kind nicht nur Fleisch und Blut; sie gibt ihm auch ein Stück von ihrem Herzen, ihrem Gemüt mit ins Leben hinein. Wenn man bedenkt, wie Mutter und Kind so innig miteinander verbunden sind, ist es gar nicht anders möglich.»

«Es muß doch eigentlich ganz etwas Liebes sein, so ein Kindlein zu haben ... Wenn es bei uns nur nicht mehr so lange gehen wollte! Mein Mann sagt immer, er sehne sich nicht nach dem Geschrei ...»

«So sagen bald alle Männer vorher. Und nachher können sie das Geschrei meist gut vertragen.»

«Aber was soll ich denn nun mit der Huberin machen? Gestern habe ich ihr natürlich den Willen getan.»

«Ihr ein gutes Wort geben und sagen, daß sie nicht so umtreiben soll – dem Kind zulieb. Zwar hab' ich es ihr schon zehnmal vorgehalten all die Jahre her. Sie hat nun schon drei Kinder. Wahrscheinlich wird sie auf Euch so wenig hören wie auf mich. Schließlich, wenn ein Mensch es nun immer so getrieben hat, ist die Gewohnheit stärker als er, und er kann wirklich bald nicht mehr anders.»

Ein paar Tage darauf, spät abends, bin ich gerufen worden. Der Mond stand schon hell am Himmel. Im Ort waren die Lichter erloschen. Nur im Lehrerhaus und beim Bürgermeister brannte noch die Lampe in der Stube.

Da sehe ich nicht weit von mir, wie eine Frau durch die Hecken schlüpft in die Gärten, eine große, stattliche Frau. Es wird doch nicht am End ... Doch richtig. Als ich näher komme und sie mir nicht mehr ausweichen kann, ist es wirklich die Huberin, die sich in einem fremden Garten einen Schurz voll Bohnen und Salat gerupft hat.

«Das hat mich nun gerade so gereizt, nun mache ich mir einen Bohnensalat, wenn ich heimkomme ...»

«Aber Huberin, Ihr habt doch selbst Grünzeug genug im Garten stehen – und mitten in der Nacht herumzu ...»

«Das steht viel schöner als das unsere. Da hab' ich jetzt halt ein Gelüsten danach – ich kann so wieder gar nichts essen.»

«Habt Ihr noch nicht Lehrgeld genug bezahlt mit Euren drei schlekkigen, kränklichen Kindern? Müßt Ihr es immer noch ärger treiben?»

«Ha, ich werd' doch nicht schon wieder sooo sein! Das sollt' mir gerade noch fehlen, wo ich schon so elend daran bin...»

Wochenlang spielte die Huberin noch dem ganzen Ort ihre Streiche. Bald hier, bald dort lud sie sich zu Gast. Bald in diesem, bald in jenem Garten nahm sie, was ihr gefiel, bei Tag oder bei Nacht, wie es sich gerade traf. Selbst ein junges Hähnchen und ein Suppenhuhn mußten dran glauben. Die Leute spotteten darüber – zuweilen schimpften sie auch, wenn es ihnen zu dumm wurde. Aber weil es doch nun einmal dem Huber seine Frau war, ließ man sie unbehelligt gewähren. Man wußte ja, daß sie zeitweilig einen Rappel hatte.

Dann änderte sich die Geschichte. Nun war die Huberin zu der sicheren Erkenntnis gekommen, daß sie wirklich wieder «sooo» war. Anstelle der vorigen Appetitlosigkeit trat nun das Gegenteil ein, und zwar wieder ohne Maß. Nun ‚fraß' sie beinahe den ganzen Tag. Man konnte es nicht mehr anders heißen. Die ganze Unbeherrschtheit ihres Wesens konzentrierte sich nun auf Essen und Trinken. Frühmorgens zum Kaffee kalte Schweinerippchen, um zehn Uhr Eier mit Schinken, mittags Schlachtbraten mit Spätzle, am Nachmittag Schnitzel oder Kotelett und Schinkenwurst mit Salat; am Abend gebackene Leber, rohes Gehacktes oder was sonst gerade beigeschleppt werden konnte. Schließlich noch drei Schinkenbrote für die Nacht. Und trocken ging das alles natürlich nicht hinunter. Sie wurde nun selbst der beste Kunde im Weinkeller. Hatte sie vorher elend und abgemagert ausgesehen, so wurde sie nun in kurzer Zeit dick und rund, daß man sie hätte kugeln können.

Für Vernunft war sie ebenso unzugänglich wie vorher. Alle Vorhaltungen schnitt sie mir und anderen Leuten ab: «Ich muß nun essen für zwei.» Und dabei blieb es...

Schließlich wurde ein Mädchen geboren. Den Tag kann ich nie vergessen. Es war eine der schrecklichsten Geburten, die ich in den vierzig Jahren mitgemacht habe. Das Kind wog nicht weniger als dreizehn Pfund. Wir mußten beide Ärzte zu Hilfe holen. Natürlich nur infolge der sinnlosen Überfütterung der Huberin. Dann lag die arme Frau monatelang gebunden und genäht schwer zu Bett, bis sie es endlich durchgerungen hatte. Wir hatten nicht geglaubt, daß sie die Geburt überhaupt durchstehen könnte...

Jahre waren vergangen. Der liebe Gott hatte mehr Einsehen als die Huberin; denn es kam kein Kind mehr nach. Die drei älteren waren gestorben. Sooft eine Kinderkrankheit im Ort hauste, war sicher eines der ersten Opfer im Huberschen Haus zu finden. «Da fehlt es nun den Kindern doch an nichts», sagten die Leute, «und dennoch haben sie kein Glück damit.» Das war aber gerade das Unglück für sie. Sie hatten das verschleckte und unbeherrschte Wesen der Mutter schon mit auf die Welt gebracht, und eine falsche Erziehung entwickelte es weiter in ihnen. So wurde aus dem dicken Neugeborenen schon im ersten Lebensjahr ein unterernährtes, nicht lebensfähiges Geschöpf, das der erste Sturm knickte.

Nur das Jüngste, das Annele, hielt durch und wurde natürlich deshalb erst recht verzogen. Schon mit drei Jahren nahm der Fratz die Silberstücke aus der Ladenkasse, um sich Schokolade zu kaufen oder Karussell zu fahren, und die Mutter lachte dazu. «Es hat halt gerade danach Verlangen gehabt. Bin ja froh, wenn das Kind überhaupt etwas ißt.»

In der Schule gab es fortgesetzt Schwierigkeiten, weil das Annele die Bücher und Hefte und sonstigen Habseligkeiten den anderen Kindern wegnahm oder, wenn diese sich widersetzten, zerriß oder verdarb. Wahrhaftig nicht aus Not. Es hatte ja alles, was es nur wollte. Es steckte wie ein Verhängnis in dem Kind, sich fremdes Eigentum anzueignen. Bald beschränkten sich die Fälle auch nicht mehr auf die Schule. Alle Geschäfte am Ort fingen an, bei dem Huber über das Annele zu klagen und mitgenommene Sachen zurückzufordern. Es wurde so arg, daß das Kind nicht mehr in einen Laden hineinkam, ohne daß es von den ausgelegten Sachen irgend etwas mit staunenswerter Fixigkeit sich aneignete. Ein buntes Kindermützchen, ein Ball, ein Taschenmesser, Haarbänder und Halsketten, Täschlein und Leckereien – nichts war mehr sicher vor ihm. Als die Eltern keine Miene machten, dem Treiben ernstlich Einhalt zu gebieten, als sie alles damit abtaten, «daß dies doch harmlose Kindereien seien», wurden die Leute ungehalten. Der junge Landjäger wurde in die Geschichten verwickelt – und eines Tages mußte die Huberin das Annele in ein Internat bringen, um der Zwangserziehung zu entgehen.

Als der Krieg kam, war aus dem Annele ein großes Mädchen geworden. Es kam zuweilen nach Hause, ließ sich aber kaum auf der Straße sehen. Wahrscheinlich schämte es sich, an seine Taten erinnert zu werden. Es mußte sich wohl den Fehler abgewöhnt haben; denn man hörte nie mehr eine Klage. Allerdings vermied es ängstlich, in die anderen Häuser zu gehen. Und Jahre verwehen und verwischen, Gott sei Dank, gar vieles auf Erden. In der Inflation verkaufte der Huber Haus und Geschäft und zog in die Stadt.

Eines Tages ließ mich der Herr Pfarrer rufen. Ein Schreiben des Amtsgerichtes lag auf dem Tisch.

«Da haben wir nun die Bescherung, Lisbeth! Das Huber-Annele, verheiratete Frau Freitag, verhaftet wegen wiederholten Diebstahls. Not liege nicht vor. Sie sei in durchaus guten Verhältnissen. Ihr Mann wisse von gar nichts. Anscheinend sei sie in anderen Umständen ...

Man erkundigt sich nach den Familienverhältnissen. Sie sind ja die Ortschronik.»

«Die Sünde der Mutter! Da waren Sie noch nicht hier, Herr Pfarrer. Die alte Huberin hat ja bei Nacht den Salat aus den Gärten gestohlen und die Hühner aus den Ställen, wenn sie in der Hoffnung war. So eine gelüstige, unbeherrschte Frau hab' ich selten im Ort gehabt wie die.»

Villa Storchennest

Ein schlichtes, weißes Landhaus steht neben der Kirche, mit grünen Läden, einem roten Ziegeldach, das so fröhlich in die Welt schaut wie die bunten Blumen auf den Fenstersimsen rund um das Haus. Die Tannen und Birken sind nun hoch gewachsen, und die Taxushecke hinter dem weißen Lattenzaun verwehrt neugierigen Menschen den Einblick in den großen Garten, der sich rings um das Haus dehnt. Es wissen doch alle im Ort, wie es dahinter aussieht. Es ist ja das Doktorhaus. Doktor Wille, der meistgesuchte Arzt der ganzen Gegend, wohnt darin. Hinter dem Haus ist eine große Wiese mit vielen Obstbäumen und einem Gartenhaus. Da tummeln sich die Doktorskinder mit den Geißen um die Wette.

Doktor Wille ist bald 25 Jahre am Ort. Sein Vater war auch schon Arzt bei uns. Als er alt wurde und Ruhe haben wollte, übernahm sein Sohn die Praxis. Ein paar Jahre vor dem Krieg hat er sich verheiratet. Zwei frohe, edle Menschen haben sich da zusammengefunden, wie man es selten erlebt. Unsereiner, der in alle Häuser kommt – nicht nur am Sonntag in die gute Stube! – der versteht etwas von den Menschen und hat es gelernt, sie zu unterscheiden.

Ein paar Monate nach der Hochzeit begegnet mir Doktor Wille auf seinem Dienstweg und sagt:

«Lisbeth, Ihr müßt einmal bei meiner Frau Besuch machen.»

«So, da tu' ich auch schön gratulieren!» ruf' ich froh.

Aber er lacht ein wenig verlegen.

«Nein, Lisbeth, es ist noch zu früh dazu. Wißt Ihr, mein Mariele, das glaubt, eine Ehe ohne körperliche Liebe sei das Allerschönste und Alleredelste für uns zwei. Aber ich – ich meine halt, zehn Buben seien doch noch schöner und meinetwegen noch ein halbes Dutzend Mädels dazu ...»

«Das ist wahr, Doktor. Sonst soll man ledig bleiben. Habt Ihr das Eurer Frau noch nicht gesagt?»

«Halt nein. Das sollt Ihr einmal machen. So von ungefähr, das klingt viel besser. Und Ihr seid ja selbst ein altes Jungferlein und könnt die Sache von beiden Seiten beleuchten.»

Zu was man eine Hebamme auch noch brauchen kann! So binde ich mir halt an einem freien Nachmittag meinen schwarzen Schurz vor, tu' mein Gestrick in den Korb und gehe zu der Frau Doktor. Sie empfing mich wie eine alte Bekannte. – «Mein Mann hat mir schon gesagt, daß Sie kommen. Das ist aber nett von Ihnen.» Bald saßen wir im Garten bei der dampfenden Kaffeekanne. Da plaudert es sich am besten mit Frauen. Wir kamen so auf allerlei zu reden. Da ich gerade (mit Absicht) Kinderhöslein stricke, ist der Faden bald am rechten Ende angeknüpft.

«Wenn Sie einmal eine Mutter haben, die in Not ist, kommen Sie nur zu mir. Ich will gern helfen mit Windeln oder sonst...»

«Ich danke der Frau Doktor recht schön. Man trifft so allerhand Verhältnisse an. Braucht immer etwas bei etwa 60 Kindern.»

«Nur 60 an einem solchen Ort?» sagt die Frau Doktor einigermaßen erstaunt.

«Ja, wenn es noch so wäre wie früher, müßten es bald 80 oder 90 sein. Aber es gibt alle Jahre ein paar weniger.»

«Wie kommt das? Heiraten weniger Leute als früher?»

«O nein, es heiraten mehr. Aber die jungen Frauen von heute wollen keine Kindlein mehr. Die besseren Leute haben es von Frankreich gelernt, daß man keine bekommt. Und die kleinen Leute machen es ihnen nun nach. Schauen Sie sich einmal um bei uns: der Apotheker ein Kind, der andere Doktor keines, der Direktor auch keins, der Forstrat eins, der Weingroßhändler ein halbes, der Inspektor eins...»

Die junge Frau Doktor lachte ein wenig über das halbe Kind, dann sagte sie verlegen und zaghaft: «Frau Burger, es könnt' doch auch anders sein. Man kann doch auch aus idealen Gründen keine Kinder haben.»

Nun waren wir also da, wo ich hin wollte. «Gewiß, Frau Doktor, kann man das. Aber meist ist es nicht so. Meist ist es ganz anders heute. Und sehen Sie, das ist das Übel: die kleinen Leute sehen auf die großen und sagen: Wenn die keine Kinder aufziehen, die es sich leisten können, was sollen wir uns dann damit plagen.»

«Ich denke es mir aber doch so schön, wie Bruder und Schwester zu leben. Warum sollten das die Menschen denn nicht?»

«Weil ihnen der Idealismus, das Verständnis dafür fehlt. Und weil es einfach gegen die Natur des Menschen im allgemeinen ist. Unser lieber Heiland hat selbst gesagt: Nicht alle fassen dieses Wort, sondern nur die, denen es gegeben ist. Das gibt der Mensch sich nicht selbst. Das bestimmt Gott. Die allermeisten hat er zur Ehe bestimmt, damit das Menschengeschlecht fortbesteht und der Himmel bevölkert wird. Und darum sollen sie auch leben miteinander wie rechte Eheleute, sonst ist kein Segen dabei.»

«Aber wir leben doch so glücklich miteinander ...»

«Darf ich etwas fragen, Frau Doktor? Haben Sie es vor der Hochzeit mit Ihrem Mann so abgemacht?»

«Ach nein. Da hab' ich nicht daran gedacht. Erst am Abend, als wir so hier zusammensaßen, ist es mir eingefallen. Und wie ich es ihm gesagt habe, hat er nicht widersprochen und gemeint, wir könnten ja mal probieren.»

«Weil Ihr Mann Sie arg liebhat, bringt er Ihnen das Opfer und wartet, bis Sie den rechten Weg finden. Nichts für ungut, Frau Doktor, aber denken Sie einmal nach, ob es nicht ein Unrecht ist an Ihrem Mann, daß Sie ihm die eheliche Liebe vorenthalten, nachdem er sich sicher danach sehnt? Er freute sich immer darauf, Kinder zu haben..»

«Wir haben es aber doch miteinander abgemacht, daß wir gemeinsam den Weg zum Himmel gehen wollen; daß wir uns gegenseitig heiligen helfen.»

«Das sollen Sie auch tun. Aber, liebe Frau Doktor, nachdem Sie einmal die Ehe eingegangen sind, ist es doch kein Hindernis für Sie und Ihren Mann auf dem Weg zum Himmel, wenn Sie die Ehe auch vollziehen und Ihre Rechte gebrauchen. Gute, rechte Eheleute können auch heilig werden so gut wie unsereiner; vielleicht noch besser. Und schauen Sie – ich bin ja kein Pfarrer und kann das nicht so sagen – aber so eine verheiratete Jungfräulichkeit ist doch nur eine halbe Sache. ‚Die Jungfrau suche, was des Herrn ist', schreibt der Apostel Paulus. Aber Sie denken doch mehr noch an Ihren Mann, wollen lieb mit ihm sein, wollen ihm gefallen, geliebt werden. Sehnen sich nach ihm, nach dem trauten Beisammensein, den lieben Zärtlichkeiten. Und Ihrem Mann geht es gewiß nicht anders. Der bringt alle Tage das Opfer und sagt sich: Ich verzichte halt darauf eine Frau zu haben und warte. Und der liebe Gott im Himmel denkt: Da quälen sich nun wieder zwei Leut' mir zulieb umeinander. Statt daß sie ganz glücklich wären miteinander in der Erfüllung meines Willens, hindern sie mich mit ihrem verkehrten Idealismus.»

«Frau Burger, sehen Sie, ich dachte, weil die Menschen nicht mehr glauben, daß Enthaltsamkeit möglich ist, sollten wir es ihnen vorleben.»

«Das müssen Sie uns ledigen Leuten überlassen, der Welt ein reines, jungfräuliches Leben zu zeigen. Zu anderen Zeiten, als die Leute noch kinderfreudiger waren und die Ehen in der Regel kinderreich, da konnte ein solches ganz enthaltsames Eheleben eine Mission haben.

Heute aber haben Eheleute – besonders in besseren Kreisen – eine andere Aufgabe. Hier im Ort wird man nicht sagen der Doktor und seine Frau leben rein und enthaltsam, wir wollen es ihnen nachmachen. Man wird sagen: Schaut, die wissen auch, wie man es macht, daß keine Kinder kommen. Wir aber sollen sie haben und uns damit abplagen. Das verdirbt den Glauben an den Arzt, verdirbt, was sie sonst Gutes tun. Aber nun müssen Sie schon entschuldigen, daß ich so gepredigt habe. Ich sag es halt, wie ich es denke. Und nun muß ich nach meinen Frauen sehen.»

«Wieviele haben Sie gerade?»

«Zwei – eine mit dem ersten Kind und eine mit dem elften. Davon erzähle ich Ihnen ein andermal. Es hat jede einen Roman für sich.»

Wir haben dann noch eine halbe Stunde Weg zusammen zurückgelegt und allerhand geredet von Mutterleid und Mutterfreud. Wie das Leben sie bringt und zeigt. Dann ist Frau Doktor umgekehrt.

Im folgenden Sommer, gerade am Johannestag, kam ein kleines Hänschen im Doktorhause an.

«Macht nur eine große Rechnung, Lisbeth», sagten damals viele zu mir. «Es ist doch sicher auch zugleich das letzte Mal, daß Ihr dorthin kommt.»

Aber sie irrten sich sehr. Zu dem Hans kam eine Gretel, ein Paul, ein Peterle, eine Mechthild und ein Franzel ... Hei, da staunten die Ortsbewohner! Einige fingen leise an zu spotten, das Storchennest sei von der Kirche heruntergefallen und liege nun daneben.

Als noch eine Gertrud kam, war dem Doktor das Haus zu klein. Da baute er den Dachstock aus mit schönen Schlafstuben für die Kinder und das Gartenhaus auf der Wiese als Spielzimmer. Zugleich brach er dem Spott geschickt die Spitze ab, indem er groß und für jeden sichtbar über sein Tor malen ließ:

VILLA STORCHENNEST

Zehn junge Störchlein sind bis heute in dem Nest. Und daß es bei uns noch nicht gar so lumpig ist wie an manchen anderen Orten, ist in erster Linie auf das Beispiel unseres Arztes zurückzuführen.

«Fräulein Margarete»

«Fräulein Margarete», das Mädchen am Postschalter spitzte überrascht die Ohren. Das war noch nie dagewesen, daß der Herr Postmeister sie mit dem Vornamen angeredet hatte. Er war stets so formell und steif. – «Wollen Sie nicht heute abend mit mir in die Stadt fahren? Ich habe zwei Theaterkarten – und meiner Frau paßt es nun nicht heute. Wie das so ist bei Frauen, wenn sie einmal in der Hoffnung sind ...»

In die Stadt! In das Theater ... lange heiße Sehnsucht! Was stand alles dahinter für ein junges Menschenkind, das noch nie in einem Theater war und es nur vom Hören und Lesen kannte. Herrliche Phantasiebilder türmten sich blitzschnell auf. In jenen Jahren vor dem Krieg getrauten sich die Mädchen in kleineren Orten doch noch nicht, allein solche Entdeckungsfahrten zu unternehmen. Margarete hatte niemand daheim, der mit ihr ging. Vater und Mutter wollten ihre Ruhe haben, fühlten sich wohl selbst auch zu unsicher in solchen neuen Dingen. Die Geschwister waren noch zu klein. – Nur gar zu gern wollte sie mitgehen, sagte voller Freude ja. Es kam ihr gar nicht der Gedanke, daß dies ein Verhängnis werden könnte, daß es eine Konzession war, die erste zum Verlust der ganz sicheren, persönlichen Freiheit, die ein Mädchen im Existenzkampf unbedingt braucht, um sich auf sittlichem Gebiet zu behaupten. –

Beim Mittagessen sagte Margarete: «Ich fahre heute abend ins Theater mit dem Postmeister. Er hat mich eingeladen, weil es seiner Frau heute nicht paßt ...»

«Das geht nicht, Kind», entgegnete der Vater, ein Schreinermeister vom alten Schlag des Handwerkers. «Ein Mädchen läßt sich nichts schenken. Auch keine Theaterkarte. Sag heute mittag, du dankst für die Einladung, aber du müßtest ablehnen.»

Traurig ließ das Mädchen den Kopf hängen. Doch die Mutter mischte sich ein. «Ich bitte dich, Mann! Da könnte das Kind ja die Stelle verlieren, wenn es sich's mit dem Postmeister verdirbt. Weißt du nicht mehr, daß man eine aus der Stadt kommen lassen wollte? Weil die Mädchen hier am Ort noch so unselbständig wären, wurde damals gesagt ...»

«Man läßt sich nichts schenken», beharrte der Vater. «Das ist immer eine Verpflichtung. Gerade in dem Fall doppelt unangenehm, weil man sich nicht revanchieren kann.»

«Sei doch nicht so altmodisch und laß dem Kind seine Freude», wehrte die Mutter. «Das nimmt man heute nicht mehr so genau. Der Postmeister ist doch verheiratet. Was macht es dem aus, wenn er das Kind mitnimmt, statt daß die Karte verloren ist, wenn er sie nun doch schon hat ...»

«Verheiratet oder nicht verheiratet ... ganz gleich. Mädchen, merk dir das ein für allemal: Man läßt sich nichts schenken. Gar nichts. Läßt sich nichts bezahlen. Keine Fahrkarte, keinen Kaffee ... Wenn du nun schon ja gesagt hast, weil du das nicht wußtest, so geh' in Gottes Namen hin. Aber merk' es dir für die Zukunft. Und wenn ihr heute abend vielleicht noch einkehrt, dann laß dich nicht freihalten. Sagst einfach: ‚Ich möchte selbst zahlen.' Und ein andermal dankst du für eine Einladung und lehnst sie ab.»

«Mein Gott, Mann, wie du dich haben kannst. Es ist doch der Postmeister. Ich verstehe dich wirklich nicht. Sei doch froh, daß das Mädchen bei seinem Vorgesetzten so gut angeschrieben ist. Der hat es doch in der Hand, sie aufrücken zu lassen. Andere Väter wären froh ...»

«Schau in andere Familien, Mutter. Von den zehn Mädchen, die ins Fabrikbüro gegangen sind bis heut', sind schon drei uneheliche Mütter. Das hat man davon, ‚wenn sie so gut angeschrieben' sind. Wirtschaftliche Verhältnisse haben sich geändert, leider. Aber deshalb ändert sich die alte Weisheit nicht: Man darf dem Teufel nicht den kleinen Finger reichen. Im Gegenteil, je größer die Gelegenheit, desto höher muß ein Mädchen die Schutzmauer um sich bauen ...»

Aber Mutter und Tochter haben gesiegt. Margarete zog ihr Sonntagskleid an, nahm ein belegtes Brot mit. Man mußte nach Schalterschluß sogleich an den Zug. «Amüsiere dich gut, Kind!» sagte die Mutter.

«Vater hat mir die Freude verdorben ...»

«Du weißt ja, daß er von der alten Art ist. Heut' ist eben vieles anders im Leben. Und man muß mit der Zeit gehen.»

Die arme Mutter war so stolz auf den Erfolg ihrer Tochter, daß sie es mir erzählte. Ich versuchte die Ansicht des Vaters zu rechtfertigen. Damit kam ich aber schlecht an. «So etwas ist bei meiner Tochter ausgeschlossen! Was denken Sie denn ... Und der Postmeister, ein jungverheirateter Mann ... bedenken Sie doch!»

Am Abend stand der Schreinermeister am letzten Zug an der Bahn und holte seine Tochter ab. Der Postmeister war unangenehm überrascht. Margarete strahlte vor Vergnügen. Bei einem jungen Mädchen, das so den ersten Ausflug ins Leben gemacht hat, ist das sehr begreiflich. Der Abend hatte so viel Neues gebracht, daß sie es gar nicht mehr zusammenfand. Alle väterlichen Ermahnungen waren natürlich vergessen worden. Man muß mit der Zeit gehen, hatte die Mutter ja auch gesagt ... «Sie sind mein Gast heute abend», hatte der Postmeister bemerkt. Er löste die Fahrkarten ... kaufte nach der damals üblichen Unsitte der Theaterbesucher Pralinen ... dann saß man noch bei einem Glas Wein ... Die Zeiten ändern sich eben, und der Vater war altmodisch geworden.

Am anderen Morgen lag eine Tafel Schokolade auf Margaretens Platz im Büro. «Der Überrest von gestern», sagte der Postmeister. «Ist Ihr Herr Vater immer so besorgt um Sie? Alle Hochachtung! Aber heute ist das Leben anders geworden. Die alten Herren finden sich nicht mehr zurecht in den veränderten Zeiten ...»

Drei Tage später schob er ihr eine Schachtel Süßigkeiten zu, «damit der Alltag nicht so grau werde». Dabei wußte er es so einzurichten, daß er ihr sehr nahe kam und leise über die Hände streicheln konnte. Kleine Aufmerksamkeiten ... kleine Zärtlichkeiten ... Frechheiten ... Wer wüßte nicht, wie der Strick gedreht wird, an dem man die Unschuld ins Grab senkt ... Das Mädchen war so benommen von seinem vermeintlichen Glück, nachdem einmal der erste Schritt auf dem schiefen Weg getan war, daß es nicht merkte, wie sich langsam die Grenzen immer weiterschoben und verwischten. –

«Mutter, nun könnte ich heute abend ins Konzert, aber der Vater ... du weißt ja ...» hieß es nach zwei Wochen.

«Du hast doch nicht etwa abgesagt?»

«Nein, das kann ich doch nicht meinem Chef gegenüber. Nachdem ich das erste Mal mit bin und er so nett war – das wäre ja eine Beleidigung.»

«Wir können ja dem Vater sagen, du seiest bei einer Freundin – weil es auf Weihnachten geht ... Was will man machen, wenn der Vater so unvernünftig ist», rechtfertigte sich die Mutter vor sich selbst. Man tut doch wie die Leute, dann ist man überall gut daran ...

Die gemeinsamen Vergnügen wurden zur Regel. Immer zärtlicher gestaltete sich der Umgang, immer größer wurden die Aufmerksamkeiten. Bald eine neue Handtasche, bald eine seidene Bluse ... Die Mutter überbrückte daheim die Schwierigkeiten, indem sie die Anschaffungen auf sich nahm. Man müsse auch etwas an das Mädchen wenden, nachdem es so schön verdiene. Ach, sie war so stolz darauf, daß ihre Tochter so gut angeschrieben war ...!

Im Februar hatte der Postmeister Geburtstag. «Margarete, einen lieben Geburtstagskuß habe ich mir doch verdient, nicht?» Das Mädchen wurde verlegen. Eine Warnung stand vor der Seele, blitzschnell – das Bild des Vaters. Was würde der sagen? Doch konnte sie eine so kleine, harmlose Bitte abschlagen – nach so vielen lieben Aufmerksamkeiten ...? Was war auch dabei. –

«Ich bin doch ein verheirateter Mann. Da ist doch wirklich nichts dabei. Bin ich nicht immer nett zu Ihnen? Nun möchte ich auch einmal sehen, daß Sie ein wenig gut zu mir sein wollen ... so ein Geburtstagsküßchen ...»

Goldene Ketten – wie fest binden die ...

Es blieb nicht bei dem einen Geburtstagsküßchen. Nein: ein Kuß in Ehren, was ist denn dabei? Bald gehörte er zu den täglichen Dienstobliegenheiten. Und ... ja und –

Eines Abends war man in der Stadt nicht mehr ins Theater gegangen, sondern ins Varieté. Da gab es allerhand pikante Dinge. Mehr oder weniger eindeutig. Halbnackte Frauen traten auf und tanzten. Man trank einen schweren Wein – versäumte den letzten Zug. Da geriet das Mädchen in große Erregung: der Vater! Was würde das geben, wenn sie nicht nach Hause kam. Am Bahnhof nahm man ein Auto. Auf der Heimfahrt nutzte der Postmeister die Erregung, den Alkohol, die erwachte Sinnlichkeit aus, einen verwegenen Angriff auf das Letzte zu machen. Und siegte ohne viel Widerstand. Dem Mädchen kam gar nicht mehr recht zum Bewußtsein, was eigentlich war. –

Am anderen Morgen saß Margarete doch mit merklichem Katzenjammer im Büro. «Wir müssen heute ein wenig länger arbeiten», sagte der Postmeister und stellte am späten Nachmittag einen schweren, roten Wein zum Vespern hin. «Bist heute so blaß, Margarete. Mußt dir rote Backen antrinken. Sonst kann ich die Verantwortung nicht übernehmen ...»

Wohl blieb man beisammen nach Schalterschluß, doch man arbeitete nicht. Das Mädchen kämpfte mit den Tränen. «Margarete, nun weiß ich, daß du mich liebhast. Gestern hast du es mir ja bewiesen. Ich bin so unglücklich verheiratet ... meine Frau paßt gar nicht zu mir ... versteht mich gar nicht. Wie glücklich könnte ich mit dir sein! Da wäre das Leben ganz anders.»

Wie viele Mädchen sind schon auf diesen Leim gegangen!

Natürlich wollte er sich scheiden lassen. Dann war der Weg frei für ein neues Glück. Inzwischen müßten sie sich eben liebhaben: Das ginge doch nun nicht mehr anders. Sie gehörten doch zusammen ...

«Lisbeth, da können die Männer schön schwätzen. Und wir sind so dumm und glauben es, denken, es ist ja nun doch so ... er hat dich ja in der Hand jetzt ... kannst nichts anderes mehr tun als ihn festzuhalten suchen. Man ist ja so dumm und glaubt an die Liebe, wenn man sie selbst empfindet ... kann sich nicht denken, daß es anders wird ...»

Am Wochenbett habe ich diese Lebensbeichte erfahren. Nicht die einzige dieser Art, leider. Es ist ein immer sich wiederholendes Lied: das Lied vom Leid des ersten Schrittes auf die schiefe Bahn ...

Der Postmeister wurde versetzt. Die Postgehilfin aus dem Dienst entlassen, als die Schwangerschaft der Behörde bekannt wurde. Nun rang die Mutter die Hände und raufte sich die Haare. «So eine Schande! Man wird irr an seinem Glauben. Alle Tage hab' ich gebetet! Jeden Abend! Und nun das ...», jammerte sie bei mir.

«‚Wachet und betet', hat der Heiland gesagt. Er hat das Wachen an die erste Stelle gesetzt und hat gewußt warum. Das Kind in die Gefahr hineinschicken, wie Sie es taten, das heißt Gott versuchen. Eine solche Verblendung kann er nicht schützen ...»

Sie wollte das Mädchen aus dem Haus schicken. Aber da trat der Vater dazwischen. Einfach, gerade und gerecht, wie er war. «Du bist schuld», sagte er zu seiner Frau. «So trage nun die Folgen deiner Handlungsweise.» Dem Postmeister war es natürlich gar nicht ernst mit der Heirat. Als bekannt wurde, daß auch das einstige Dienstmädchen ein Kind von ihm hatte, brach der Vater sehr energisch die Beziehungen ab. Einmal hätte sein Kind seine Freiheit verkauft – aber für einen solchen Lumpen wäre ihm seine Tochter denn doch auch jetzt noch zu schade. –

Als einige Jahre später der Weltkrieg ausbrach, wurde Margarete wieder bei der Post eingestellt und kann nun selbst für ihr Kind sorgen.

Wenn die Nestwärme fehlt

«Was will man machen? Ich kann die Mädchen doch nicht an das Tischbein festbinden! Die Väter sind so komisch. Sie sind halt jung und wollen sich amüsieren. Wenn sie hinter dem Ofen sitzen bleiben, bekommen sie keinen Mann», philosophierte Frau Zigmann, als ich bei ihrer siebzehnjährigen Tochter war in ihrer schweren Stunde. Das Mädchen, ein schmächtiges, bleichsüchtiges Ding, wimmerte und stöhnte und krümmte sich in den Wehen ...

«Wenn ich das gewußt hätte, daß das so geht, da hätte ich mich nicht bereden lassen, aber davon sagen die Männer nichts.»

Der Vater polterte und schimpfte. Er dulde den Balg nicht im Haus. «Habe genug Kinder aufgezogen und Geschrei gehabt. Wenn die Mädchen nicht schnell genug dazu kommen können, sollen sie selbst sehen, wie sie mit durchkommen. Soll mir nur noch eines so kommen! Das schlag ich tot, ehe es soweit ist. Das laßt euch nur gesagt sein.»

Die sechzehnjährige Klara stand dabei. In den Augen des Mädchens war so ein sonderbar flimmerndes Licht, ein Wissen um anderes, als um die Schmerzen der werdenden Mutter. Man sah es ihr deutlich vom Gesicht ab: Sie dachte an das, was vorausgegangen war, schürzte verächtlich die Lippen, als wollte sie sagen: Was soll das heißen, so ein paar Stunden da heulen ... für die Tage und Nächte der Lust!

«Diese Väter», spann die Mutter ihre Gedanken weiter.

«Was soll man da machen? Die Mädchen verdienen soviel Geld in der Fabrik – die Berta hat mehr Wochenlohn als der Vater. Da wollen sie auch etwas haben vom Leben. Die brauchen uns Alten nicht mehr. Da können wir ihnen auch nichts mehr vorschreiben.»

Ein merkwürdiger Wandel ist doch in diesen letzten Jahren vor dem Kriege bei uns in den Familien vor sich gegangen. Das sehe und höre ich überall. Auf einmal zog das junge Volk in die Fabriken ein; direkt von der Schulbank weg. Die Flinken und Geschickten unter ihnen brachten es in wenigen Monaten in der Akkordarbeit zu wirklich unverhältnismäßig hohen Löhnen. Verdienten zuweilen mehr als ihre Väter. Darob bekamen die Eltern einen solchen Heidenrespekt vor ihrem soviel Geld verdienenden Nachwuchs, daß ihrerseits alle Autorität begraben wurde. Sie fühlten sich unterlegen und besiegt. Die Jungen brauchen uns nicht mehr: Das war eine vernichtende Erkenntnis. So getrauten sie sich nicht, die Zügel in der Familie in der Hand zu behalten. Wagten den Jungen nichts mehr zu sagen, viel weniger noch, sie anzuleiten zu einer vernünftigen Lebensgestaltung. Man überließ diese so viel Geld verdienende Jugend voller Respekt vor ihrer Fertigkeit ganz und gar sich selbst, ließ sie ihr neues Leben gestalten.

Die Familiengemeinschaft löste sich auf. Wo kein Oberhaupt ist mit kluger Leitung, ist Anarchie selbstverständlich. Jedes Familienglied ging seinen eigenen Weg und sah sich nicht mehr nach dem anderen um. Was einst Lebensgemeinschaft war, wurde nun zur gemeinsamen Eß- und Schlafstelle. Mehr blieb meist nicht übrig. Man zahlte den Eltern ein Kostgeld, sehr knapp bemessen, und vertat den Rest des Lohnes, wie man wollte.

Damit hörte die Familie aber auch auf, dem Menschen einen Halt zu bieten, eine gewisse Bodenständigkeit. Das Jungvolk wuchs heran wie entwurzelte Bäume. Familienlos geworden – damit heimatlos und haltlos. Gerade in einer Zeit, wo es mehr als früher einen sicheren Halt und klaren Wegweiser gebraucht hätte. So abenteuerten die jungen Leute umher, verwilderten – entgleisten.

Nur verhältnismäßig wenig Familien verstanden es in dieser Zeit, wirklich Lebensgemeinschaft für die junge Generation zu bleiben, ihr Lebensinhalt und Lebensschutz zu bieten. Es ist mir immer eine rechte Freude, wenn ich wieder einmal eine solche Familie antreffe.

Bei Zigmanns wurde ein Büblein geboren. Ein kränkliches Kind. Es hatte so bösartig eiternde Augen gleich nach der Geburt. Das wurde immer schlimmer, so daß ich riet, den Arzt zu rufen. Bei Arbeitern, die in der Krankenkasse sind, kommt man leicht durch mit solchen Bitten. Sie holen den Arzt schnell, weil er sie nichts kostet, sind beinahe froh, wenn sie einmal eine Gegenleistung verlangen können für ihre Beiträge.

Doktor Wille machte ein sonderbares Gesicht zu der Sache. «Eine langwierige Behandlung von Mutter und Kind ist notwendig. Das Kind ist durch die Mutter angesteckt. Von wem haben Sie es denn?»

«Von einem Monteur, der ein paar Wochen bei uns gewohnt hat», sagte die Mutter. «Er hat eine neue Maschine einführen müssen.»

Damals hörte ich zum ersten Mal in meiner Praxis etwas von Geschlechtskrankheiten. Der Arzt hielt es für nötig, mich eingehend über die Ansteckungsgefahr zu informieren. In der Hebammenschule ist zu meiner Zeit nichts Derartiges gewesen. Mutter und Kind waren lange Zeit in einem Krankenhaus in Behandlung; doch das Kind ist blind geworden. Mit drei Jahren ist es zu seinem Glück an Scharlach gestorben.

Nicht lange nach dieser Geburt kam die sechzehnjährige Klara zu mir. Ihre Periode bliebe aus (so sagen die immer, die ein schlechtes Gewissen haben und glauben, man fällt darauf herein!), was sie da machen solle? Ich schaute das Mädchen an. Die Augen verrieten ja alles. Das sinnliche Feuer, das darin brannte und lockte...

«Warten, bis das Kind geboren ist, sonst gar nichts. Hast dich ja doch mit den Männern eingelassen.»

«Ich will kein Kind haben! Ich laß mich von dem Alten nicht verhauen und auf die Straße werfen!»

«Das hättest du dir früher überlegen müssen. Jetzt bist du noch keine siebzehn Jahre. Wo soll denn das noch hin mit dir? Bist selbst nicht ausgewachsen.»

«Ich will auch eine Freud' haben ... man hat ja sonst doch nichts vom Leben, als den ganzen Tag schuften und schinden! Nicht einmal schnaufen darf man, sonst ist gleich ein Stück vom Lohn ‚beim Teufel'! Am Abend in der Küche hocken und Trübsal blasen – kein Mensch redet ein Wort mit einem.»

«Hättest doch ein Buch lesen können, eine Handarbeit machen für deine künftige Aussteuer, mit dem Vater dich unterhalten.»

«Ist alles so langweilig, so kalt, so stumpfsinnig – ich will leben und fühlen, daß ich jung bin, daß jemand was nach mir fragt! Aber ein Kind will ich nicht. Ich will einfach nicht, und es muß weg. Glaubst, ich will so mit einem Balg herumziehen wie die Berta? – Da wäre ich schön dumm! Ernst sagt auch, das kann man machen.»

«Ich will dir mal was sagen. Es gibt ein Gebot Gottes: Du sollst nicht töten. Das Kind ist nun da und lebt. Und wenn man etwas tut, damit es stirbt, ist das ein Mord. Verstanden? Dafür kommt man ins Zuchthaus.»

Darüber erschrak sie wohl, maulte aber weiter: «Der Alte haut mich hin, und ich kann den Balg nicht brauchen, ich will ihn nicht ...»

«Geh' nur heim und sei vernünftig. Ich werde einmal mit deinem Vater reden, bevor es soweit ist. Denk' daran, du hast dich verfehlt. Nun darfst du es nicht noch schlimmer machen und einen Mord hinzufügen. Nun heißt es wieder ein rechter Mensch werden. Und so ein kleines Kindlein ist doch etwas Liebes. Denk' einmal ein wenig daran, wie deine Mutter dich unter dem Herzen getragen hat – wenn sie da auch gesagt hätte: ‚Ich will das Kind nicht!'?»

Da fing das Mädchen zu heulen an. Mir schien nicht alles verloren. Solche Stürme habe ich manchmal toben sehen. Und sie legten sich doch.

Nach drei Wochen aber verließ Klara das Elternhaus und die Fabrik und nahm einen Dienst in der Stadt an. Ich bin zu ihren Eltern gegangen und habe ihnen reinen Wein eingeschenkt. Sie sollten ein Auge auf Klara haben, daß sie nicht ganz unter die Räder komme. Der Vater fluchte und tobte. Sie hätte recht getan, sich aus dem Staub zu machen, sollte es nur nicht wagen, wieder heimzukommen. Er schlage sie tot, wenn sie den Balg ins Haus bringen wolle.

«Und wenn sie sich an dem Kind vergreift, dann ein Menschenleben auf dem Gewissen hat – ins Zuchthaus kommt?»

«Dann hat sie, was sie verdient. Wenn heut' ein Mädchen geboren wird, sollte man es sogleich ertränken! Sie sind keinen Schuß Pulver mehr wert!»

Später gelang es mir wohl, ihm klarzumachen, daß nicht die Mädchen allein die Schuld trügen, sondern die Familien, die ihnen keine Heimat mehr bieten. Gerade heute, wo die Gelegenheit zum Fall durch die außerhäusliche Arbeit für die Mädchen soviel größer geworden sei, müsse ihnen die Familie – also die Eltern – viel mehr Liebe geben und viel mehr Halt bieten als früher. Dennoch beharrte er darauf, daß der Balg nicht in sein Haus dürfe.

Und die Mutter? Ich weiß nicht, was sie tat. Meinen Rat, in die Stadt zu fahren und mit dem Kind zu reden, befolgte sie jedenfalls nicht. Wozu auch? Es gibt ja nur Streit mit dem Mann...

Ein paar Monate später lag in einer Dachkammer in der Landeshauptstadt ein junges Mädchen in den Wehen. Mutterseelenallein. Sie hatte es einfach darauf ankommen lassen. Was ihr nur immer eine gute Freundin zutrug an ‚sicher helfenden Mitteln', wurde getreu genommen. Schmierseife gegessen und Petroleum getrunken und was es dergleichen unvernünftige Ratschläge gibt. Aber es half nichts. Allen Wünschen zum Trotz blieb das Kind im Mutterschoß, und der Tag der Geburt kam näher und näher. Sie ging nicht in die Hebammenschule, obwohl die Entbindung dort gar nichts kostete. Sie beschaffte keine Windel und kein Hemdlein für das Kind. Sie schrieb auch nicht heim. Verstand es so gut, ihren Zustand zu verbergen, daß die Hausfrau einen flüchtig aufsteigenden Verdacht wieder fallen ließ.

Mutterseelenallein kam mitten in der Nacht das Kind auf die Welt. Klara weckte keines der anderen Mädchen auf, die neben ihr in den Dachkammern schliefen. Erst ließ sie das Kind unter der Decke liegen, bekümmerte sich nicht darum. Doch als sie nach zwei Stunden merkte, daß es noch lebte, verpackte sie es in eine Schuhschachtel, stopfte ihm Watte in das Mündchen, stellte es in den Schrank.

«Sie habe ihm nichts zu leid tun können», erklärte sie vor Gericht.

Am Morgen ging sie hinunter in die Wohnung, als wäre nichts gewesen. Kochte den Kaffee, richtete die Zimmer, legte sich dann wieder ins Bett. Es sei ihr nicht gut. Niemand schöpfte zunächst Verdacht. Später stieg die Hausfrau in die Kammer hinauf, nach Klara zu sehen. Da erfaßte sie das merkwürdige Gefühl, sie wußte selbst nicht warum, daß hier etwas nicht stimmte. So ein widerlicher Blutgeruch war da oben. Sie besprach sich mit ihrem Mann, telefonierte nach dem Hausarzt... Am Ende war doch etwas nicht in Ordnung, wenn das Mädchen auch so entrüstet geleugnet hatte damals ... Der Arzt kam – und das Ende war da. Das Kind war inzwischen erstickt.

Was nun kam, ist einfach genug: Krankenhaus – Untersuchungshaft – Gerichtsverhandlung – Zuchthaus.

«Ich habe es einfach nicht brauchen können. Heimbringen durfte ich es nicht. Sein Vater bekümmerte sich auch nicht darum. Was sollte ich denn mit dem Kind machen?»

Der Kindsvater, ein reicher Bauernsohn mit ganzen achtzehn Jahren, brauchte keine Alimente zu zahlen, weil er angeblich kein Vermögen besaß und nichts verdiente. Wann wird endlich einmal die Gesetzgebung so gerecht werden, daß in solchen Fällen eben auch auf die Eltern des Vaters zurückgegriffen wird, wie es ja auch bei den Eltern mütterlicherseits geschieht? Und wann wird man den unehelichen Vater endlich ebenso beurteilen wie die Mutter? Es wäre viel Elend weniger auf der Welt, wenn diese doppelte Moral einmal ein Ende finden würde.

Warum habt ihr nicht geheiratet, Lisbeth?

Diese Frage ist mir oft gestellt worden. Fast jede Wöchnerin hat es schon einmal wissen wollen. Besonders dann, wenn die Frauen merkten, daß man mit den Männern im guten fertig wird oder mit etwas Energie, je nach Lage des Falles. Dann interessierte es sie außerordentlich: «Warum habt Ihr nicht geheiratet? Ihr hättet doch das Zeug, mit den Männern umzugehen ...»

So im allgemeinen sag' ich eben: Die Ehe ist nicht für jeden. Und wenn man einmal eine Weile Hebamme ist, gar so vieles mit ansehen und erleben muß, dann überlegt man es sich zehnmal und noch öfter, ehe man es wagt. Auch füllt mir der Beruf, so wie ich ihn erfasse und ausübe, wirklich das Leben voll und ganz aus. Hab' keinen Platz mehr in meinem Herzen für einen Mann ... ist alles vergeben bis auf den letzten Winkel. –

Aber heute ist es schwer, die Frage zu beantworten «Warum habt Ihr nicht geheiratet?» Denn die Mutter, die sie in ihrer Ahnungslosigkeit nun stellt, die hat den Platz eingenommen, der einmal mein hätte werden können, wenn ... und sie muß nun das Kreuz tragen, vor dem Gott mich bewahrt hat. –

Eine lange Nacht schon halte ich Wache und habe Zeit, Erinnerungen wach werden zu lassen. Sie kommen ungerufen in solchen Stunden. Es ist lang her ... bald zwanzig Jahre, daß die Lisbeth auch einmal geträumt hat von einem eigenen Heim, von eigenen Kindern ... daß sie geglaubt hat an ein Glück, das durch die Liebe eines Mannes zu ihr kommen sollte ..., daß sie in seligem Vertrauen sich dem anverlobte, der um sie warb ... in ahnungslosem Vertrauen ...

Er war eine gute Partie, wenigstens für unsere Verhältnisse. Vertreter großer Werke mit hohem Einkommen. Bei einer Tante war Hochzeit gewesen, und die Lisbeth durfte wochenlang dorthin, die Aussteuer nähen helfen. Dort lernte ich ihn im Kreis der Familie, wie es einst Sitte war, kennen. Alles schien gut und recht. Der Onkel erkundigte sich über seine Person und seine Verhältnisse. Man riet mir sehr dazu, mir das Glück nicht entgehen zu lassen ...

Und ich verlobte mich. Mein Herz hatte Feuer gefangen. Ich schäme mich gar nicht, das einzugestehen. Es ist ja im Weltenplan des Schöpfers so begründet wie alles große Geschehen auf Erden, daß Menschenherzen sich zusammenfinden. Auch glaube ich, daß es kaum ein normales Mädchen gibt, das einem Liebeswerben gegenüber ganz gleichgültig bleibt, wenn es ihm als durchaus ernst und wahr erscheint und sein Herz noch in keiner Weise interessiert oder vergeben ist. Doch war etwas da ... etwas Trennendes, Fremdes stand vor meiner Seele ... plötzlich wie eine Schranke am Bahnübergang warnend und Halt gebietend, gerade dann, wenn Albert versuchte, etwas aus den engen Schranken der Familientradition herauszukommen, sei es im Wort, in Zärtlichkeiten oder in Wünschen ... Er versuchte immer wieder, mich zu überreden, ihn hier oder dort allein zu treffen, einen Abend mit ihm auszugehen. Sofort war das Warnsignal in meiner Seele eingeschaltet, obwohl ich mir nach der damals üblichen Erziehung nicht denken konnte, warum. Allerdings sah ich ebensowenig ein, warum dieses

Alleinsein notwendig sein sollte. Man war in der Familie gar nicht kleinlich. Wir hatten Zeit und Gelegenheit genug, uns kennenzulernen und alles Zukünftige zu besprechen. So ging ich nicht auf seine Wünsche ein, was ihn sichtlich verstimmte.

Als er hörte, daß ich nach Hause zurückkehren wollte, schlug er mir vor, die Gelegenheit zu benützen, einmal einen Tag ganz ihm zu schenken. So eine günstige Gelegenheit, «sich einmal recht liebzuhaben», dürfe man sich nicht entgehen lassen. Er habe nun wirklich ein Recht darauf.

«Ein Recht auf was? Du kannst doch jederzeit heim zur Mutter kommen, wenn ich nicht mehr hier bin.»

«Du sollst einmal ganz mir gehören. Mußt mir zeigen, daß du mich liebhast, sonst glaube ich es nicht mehr, wenn du dich weiterhin so zieren und sperren willst ...»

«Laß das sein! Ganz gehöre ich bis jetzt nur unserem Herrgott, sonst niemand ...»; und damit ging ich aus dem Zimmer und ließ ihn allein.

Die Tante hielt mir eine Predigt, so dürfe ich nicht mit meinem Verlobten umgehen wie gestern, daß ich davonlaufe. Das wäre doch nun einmal anders als vorher – wenn man verlobt sei. Ich müßte doch froh sein, in so gute Verhältnisse hineinzukommen. Das nahm ich ihr nicht übel, wußte sie doch sicher nicht den letzten Grund und die Ursache. Am Nachmittag kam Albert wieder, merklich verstimmt und gereizt. Bei der ersten Gelegenheit griff er den gestern abgerissenen Faden wieder auf:

«Nun, wie ist es? Wirst du mir endlich deine Liebe beweisen? Der Mittwoch gehört uns allein. Hier fährst du morgens ab und am Donnerstag kommst du dann heim ...»

«Nein. Da muß ich hier lügen und muß zu Hause lügen. Und was liegt dazwischen? Solange wir nicht verheiratet sind, gehe ich nicht mit dir allein auf Reisen. Ich will meinen Kranz in Ehren tragen am Traualtar.»

«Ich hab' ein Recht auf dich, auf deine Liebe, nachdem wir verlobt sind. Was liegt denn daran, ob ein wenig früher oder später ...»

«Niemand hat ein Recht auf mich, das mit den Rechten Gottes in Widerspruch steht. Auch du nicht. Was gegen Gottes Gebot ist, wirst du nie von mir erhalten mit Wissen und Willen ...»

«Man sieht, daß du auf dem Land aufgewachsen bist! Was du für rückständige Ansichten vorbringst. Wir Männer müssen das einfach haben. Wir können nicht auf unser Recht auf Liebe verzichten ... Wenn du dich mir verweigerst, muß ich zu einer Dirne gehen, und du hast die Verantwortung. Wenn du nur ein wenig Liebe für mich hättest, wärest du gern bereit ... würdest mit Freuden alles tun für mich ... wo wir doch heiraten ...»

«Wenn ihr Männer nicht rein leben könntet, dann hätte es der Herr nicht geboten und verlangt. Der hat euch so gut gekannt wie uns. Und wenn du jetzt behauptest, nicht enthaltsam leben zu können bis zu unserer Hochzeit, wie soll ich dann später an deine Treue glauben, wenn du wochenlang auf Reisen bist?»

«Du mußt eben verstehen lernen, daß Männer keine Frauen sind ...»

«Ich will nicht nur selbst rein in die Ehe treten, ich will auch einen Mann, der ebenso rein in die Ehe kommt – keinen anderen. Lieber bleib' ich allein in der Welt. Darüber ist kein Wort mehr zu verlieren.»

Es kam, wie es kommen mußte. Nicht lange danach schrieb er mir, er betrachte die Verlobung als aufgehoben. Mit einer Frau, die so altmodische und rückständige Ansichten habe, könne er nicht glücklich werden.

«Mußt dich nicht kränken, Kind», sagte damals meine Mutter, «an dem Mann hast du nichts verloren. Der war deiner nicht wert. Du kannst Gott danken, daß er dich vor dem Kreuz bewahrt hat, das du in der Ehe hättest tragen müssen.» Heute weiß ich, wie wahr sie gesprochen hat. Doch damals war es wahrhaftig nicht leicht, sich damit abzufinden, daß ein erhofftes Lebensglück nur durch die Treue gegen Gottes Gebot in Scherben gegangen war. Eigentlich hat mich erst mein Hebammenberuf ganz darüber hinweggebracht. Nun weiß ich, daß Gott etwas anderes von mir wollte!

Vor einigen Jahren kam Albert Berg hier an die Textilwarenfabrik als Reisechef. Damals war er verheiratet – aber wie! Er hatte eine Frau nach seinem Sinn gefunden. Eine, die zu allem bereit war vor der Ehe – und nachher auch. Während er sich draußen nach Abwechslung umsah, trieb sie es daheim ebenso. Einmal bin ich damals schon zu einem Abort in das Haus gekommen. Syphilis, sagte der Arzt. – Dann kam die Ehescheidung.

Kurze Zeit darauf hatte er hier ein Verhältnis angefangen mit einer zwanzigjährigen Büroangestellten. Das Mädchen war fünfundzwanzig Jahre jünger als er. Da ich genau wußte, wie es mit dem Mann stand, wagte ich es, mit der Mutter und dem Mädchen zu reden. Sie sollte doch nicht so ins Unglück rennen!

«Wir heiraten ja.»

«Ich kann das Glück meines Kindes nicht untergraben! Denken Sie doch, so eine Partie findet sich nicht alle Tage ...»

Umsonst versuchte ich, alle Register zu ziehen, soweit ich das eben durfte. Er sei doch ein geschiedener Mann – der Altersunterschied – die letzte Ehe – alles umsonst. –

«Männer müssen sich eben die Hörner abrennen. Sie werden nachher die besten Ehemänner. Eine solche Partie mit solchem Einkommen ... solchen Haushalt, Wohnung und so weiter ... die liegt heut' nicht auf der Straße, daß man sie nur aufzuheben braucht ...»

Heiratslustige Mädchen lassen sich nicht raten. – ‚Verheiratslustige' Mütter aber noch viel, viel weniger!

Das ist mir bis heute ein ungelöstes Rätsel, wie Mütter, die doch Erfahrung haben müssen von Eheleid, ihre Mädchen so unverantwortlich leichtfertig in ungute Eheverhältnisse hineintreiben können, wie es immer wieder geschieht. –

Vor drei Wochen fand die Trauung statt auf dem Schultheißenamt. Nur zivil natürlich. Und nun wird das Kind geboren ...

«Wenn ich es noch einmal zu tun hätte, Lisbeth ... Sie haben schon gut daran getan, nicht zu heiraten ...

Viel Zank und Streit gab es schon wegen des Kindes! Jetzt schon vor der Geburt! Weil es überhaupt geboren wurde ... Jedes Bauernmädchen wisse, was man da zu tun habe ... Aber die Mutter gab es nicht zu. Sie sagte, er hat dir die Ehe versprochen, und nun soll er dich auch heiraten. Wenn du das Kind beseitigst, hat er dich in der Hand und läßt dich sitzen.

Und jetzt während ich hier in den Schmerzen liege für sein Kind, sitzt er in Karlsruhe bei einer anderen; ich hab' doch den Brief gestern abend gelesen, den er in der Eile auf dem Schreibtisch liegen ließ ...

Wenn ich es noch einmal zu tun hätte ...»

Lieber Gott, wie gut sind die altmodisch und rückständig klingenden Vorschriften deiner Gebote! Vor wieviel Leid und Not bewahren sie die Menschen, die sich treu zu ihnen bekennen!

Der Arzt floh

Die junge Frau war drei Jahre verheiratet und erwartete das vierte Kind. Alle zehn Monate war eines da. Elende, armselige Dingerchen, einige Wochen zu früh geboren. Das älteste kann noch nicht allein auf seinen Beinchen stehen, und nun kommt das vierte. Hier war eine Not, eine Verwahrlosung, wie ich sie selten gesehen habe. Schmutz und Lumpen überall – und sonst nichts. Nur das allernotwendigste Hausgerät, alles andere war bereits vertrunken worden. Drei Kinder liegen in einem Bett, dessen Matratze halb verfault ist, da sie ständig naß wird und nie zum Trocknen kommt. Auch das älteste Kind ist noch ganz unsauber, von den jüngeren nicht zu reden. Bettwäsche besteht auch aus Lumpen. Die Großmutter hätte schon lange die Kinder, wenigstens zeitweise, zu sich genommen, doch ihr Mann duldet es nicht. Er hatte sich einst mit allen Mitteln gegen die Heirat seiner Tochter gesträubt und war nicht dazu zu bewegen, ihr zu helfen. Nun solle sie die Suppe auslöffeln, die sie sich eingebrockt habe!

Der Mann ist ein notorischer Trinker, aber so verschlagen und tükkisch, daß man ihm nicht beizukommen weiß. Er ist Techniker in der Fabrik und füllt dort sonderbarerweise seinen Posten aus. Doch Abend für Abend kommt er sinnlos betrunken heim, mißbraucht seine Frau, wie sie mir selbst erzählte, nicht nur bei Nacht. Versuchte sie, ihn abzuweisen, kam es zu fürchterlichen Szenen, bei denen sie doch der Gewalt unterlag. Sie war eine kleine, schwächliche Frau und er ein robuster, vierschrötiger Kerl. So hatte sie im Verlauf der wenigen Ehejahre jeden Widerstand aufgegeben. Auch ging es da, wie so oft im Leben: Die Frau hing an ihrem Mann, trotz allem. Ein Rätsel, das ich nicht lösen kann. Aber eine Tatsache. Eine Frau kann sich ihrem Mann so verbunden fühlen, daß sie ihn einfach nicht aufgibt und nicht verläßt, trotz der menschenunwürdigsten Behandlung. In diesem Fall stand noch ein sittliches Moment mit daneben: «Wenn ich gehe, mich scheiden lasse, Lisbeth, was wird aus ihm? Wird er nicht völlig zugrunde gehen? Nicht noch andere Mädchen unglücklich machen? Ich bin nun einmal mit ihm verheiratet. Vielleicht sieht er es doch einmal ein. Wenn ich es noch einmal zu tun hätte, ja dann ... aber nun ist es eben geschehen ...»

Sie war gewarnt gewesen. Der Pfarrer, der Oberlehrer, Doktor Wille, auch ich, hatten ihr dringend abgeraten, den Mann zu heiraten, da er schon vor der Ehe ein richtiger Trinker war. Ihr Vater widersetzte sich mit allen Mitteln. Wir haben ihr das kommende Elend in den dicksten Farben gemalt – und, wie sich nun zeigt, viel zu milde!

«Ach, wenn ich ihn habe, wird er sicher anders. Mir zulieb ändert er sich. Er trinkt nur, weil er kein rechtes Heim hat. Ich werde es ihm abgewöhnen ... Liebe kann alles ...», wehrte sie sich gegen jede Vernunft. Trinker sind bekanntlich auch sehr freigiebig mit schönen Versprechungen und guten Entschuldigungen. Sie hat sich eben von ihm einwickeln lassen. Ein paar Wochen ging es gut. Dann war das Elend da und wurde größer mit jedem Kind. Für den Unterhalt ließ er schon lange die Mutter sorgen. Die war wieder auf dem Büro wie vor der Ehe. Und die Treue hielt der Mann seiner Frau nicht, obwohl sie sich ihm nie versagte. Denn das dritte Kind ist schon infolge Blennorrhöe fast erblindet. Mich wundert es, daß noch ein viertes kommt, und wie wird es mit ihm bestellt sein ...?

Wir haben dieses Jahr entsprechende Augentropfen bekommen und die Anweisung, sie bei allen Neugeborenen als Vorbeugungsmittel anzuwenden, eine Anweisung, keine Dienstvorschrift. Unser Gemeinderat hat sie mir nicht bewilligt. Das sei bei uns nicht notwendig. Ich habe sie mir doch zugelegt und wende sie an. Sechsmal schon ergab es sich in diesem einen Jahr, daß es auch bei uns notwendig war. Doch ich muß schweigen.

Endlich war das Kind geboren. Ein Würmlein zum Erbarmen! Mit einem merkwürdigen Ausschlag, wie eine fressende Flechte, behaftet. Doch es tat das denkbar Beste für seine Verhältnisse, es starb eine Stunde nach der Geburt.

In dem zerlumpten Bett krabbeln und wimmern die drei armseligen Würmchen. Das eine blind, die anderen rachitisch, unterernährt, geistig anscheinend unter dem Durchschnitt. Die Mutter weint um das Tote. Und in wenigen Tagen wird das fünfte schon gezeugt sein unter ihrem Herzen – wenn nicht die Geschlechtskrankheit inzwischen die Unfruchtbarkeit herbeiführt. Wie werden die sittlichen Qualitäten solcher Kinder sein? Wie ist es um ihre Erbanlagen bestellt? Wahrlich, ein fast übermenschlicher Glaube gehört dazu, in solchen Fällen daran festzuhalten, daß das schlechteste Leben besser ist als keines...

Ich habe der Mutter gesagt, daß sie krank ist und in Behandlung zu Doktor Wille gehen soll. Leider ist sie zu Marx gegangen, erst dann, als das fünfte Kind gegen alle meine Erwartungen empfangen war. Wie er sie überredet hat, weiß ich nicht. Jedenfalls hat er einen Eingriff gemacht – und die arme Mutter ist daran verblutet. Marx ist an dem gleichen Abend ins Ausland abgereist. Es ist nicht das einzige Menschenleben hier bei uns, das er auf dem Gewissen hat. Es kamen viele Frauen von auswärts zu ihm. –

Es hat sich gelohnt

Festtag ist heute in unserem Ort. «Meine» beiden ersten Kinder, der Josef hat Primiz und das Josefinchen Hochzeit. Der ganze Ort feiert mit. Aus den Dachluken wehen die Fahnen in den verschiedensten Zusammenstellungen. An den Häusern entlang stehen frische Birkenbäume. Girlanden schlingen sich in großen Bogen von Fenster zu Fenster, über die blühenden Blumenstöcke hinweg.

Josefinchen als glückliche Braut. Sie macht eine gute Partie. Der ganze Ort ist neidisch. Was haben sich andere Mütter und andere Mädchen für Mühe gegeben, diesen Mann zu erobern, und es gelang ihnen nicht. Und ihr, die sich gar nicht nach ihm umsah, die gar nicht daran dachte, ihr fiel das große Los zu. Das Josefinchen ist ein blitzsauberes, bildhübsches Mädchen. An hämischen Bemerkungen hat es auch nicht gefehlt. Doch das ist alles gelogen. Weil das Josefinchen seinen Weg ganz gerade ging und sich durch nichts beirren ließ und gar keine Konzessionen gemacht hat – hat es diesen Mann erobert. Es wird eine glückliche Ehe werden, wenn nicht alle Anzeichen trügen.

Ich bin auch zu der Feier eingeladen, ganz offiziell bei den Festgästen. Das ist ein seltenes Ereignis, daß eine Hebamme zu einer Familienfeier mit eingeladen wird, außer einer Taufe. Wir sind doch nur ein «notwendiges Übel». Man kommt zu uns mit allerhand Nöten und Sorgen, man ruft uns, wenn es gerade sein muß. Aber man ist im großen und ganzen doch sehr froh, wenn man uns nicht braucht. Schaut uns lieber auf den Rücken als in das Gesicht. Recht ist das nicht – aber menschlich.

«Eine gute Hebamme ist eigentlich die richtige Gemeindemutter. Sie weiß um alle Sorgen, um alle Not besser als sonst jemand am Ort. Soll sie nicht auch teilnehmen an Freuden und guten Tagen?» So hat der Stationsvorsteher gesagt, als er mich zum Festessen geholt hat. Damit hat er den Nagel auf den Kopf getroffen. Man darf das schon sagen. Die Gefahr, daß nun alle es nachmachen und daß wir Hebammen dann vor lauter Festen nicht mehr zur Erfüllung unserer Berufsarbeit kommen, ist nicht groß in dem Fall. Dafür ist die Sache zu einfach und zu natürlich.

Josefinchen hat sich den heutigen Festtag ehrlich verdient. Als der Josef die mittlere Reifeprüfung hatte und Priester werden wollte, war der eine seiner Brüder auf der Prima, der andere an der Universität. Die älteste Schwester wollte heiraten. Da reichte das Geld nicht mehr aus. Kinderzulagen gab es noch nicht. Drei kleinere Geschwister waren auch noch da.

So faßte das fünfzehnjährige Josefinchen den Entschluß, in die Fabrik aufs Büro zu gehen. Sie wollte Geld verdienen, um ihrem Bruder weiterzuhelfen. Flink und gescheit, wie sie war, konnte sie bald stenografieren und maschineschreiben wie der Blitz. Ich sprach damals mit dem Fabrikherrn und dem Direktor, daß man sie einstellen möchte. Es war noch nicht Sitte, so junge Mädchen zu nehmen. Doch man tat es.

«Laß dir nichts gefallen, Kind», sagte der Stationsvorsteher. «Laß dir nichts schenken. Laß dich nicht einladen. Bewahre dir deine Freiheit, daß du nach niemandem etwas zu fragen brauchst.»

Bald staunten alle im Betrieb über die Fixigkeit ihrer Arbeit und die Sicherheit ihres Benehmens. Da sie ein nettes Mädchen war, fing das Poussieren auch bald an. Mit kleinen Geschenken versuchten es manche, näher heranzukommen – und blitzten ab. «Danke, ich lasse mir grundsätzlich nichts schenken», sagte das Josefinchen und schob die Dinge unbesehen zurück.

So versuchte man einen anderen Weg, mit einer Einladung zum Theater, zum Konzert. «Sie sind sehr liebenswürdig, aber ich danke!» bemerkte Josefinchen. «Wenn ich ausgehen will, kaufe ich meine Karte selbst.»

«So altmodisch sind Sie noch, Fräulein?»

«Nein, so modern, daß ich den Mut habe, das zu tun, was ich für richtig finde. Ich will niemandem danke sagen müssen und will meine Freiheit bewahren.»

«Wie Sie sich haben! Sie stammen auch von den gleichen Uraffen ab wie wir alle ...», wagte einer einzuwenden.

«Daß ein Affe Mensch geworden ist, hat noch niemand gesehen. Aber daß Menschen Affen werden, sehe ich alle Tage», trumpfte Josefinchen mit der ihm angeborenen Schlagfertigkeit auf und hatte die Lacher auf seiner Seite und allmählich seine Ruhe. Nur einer, ein Verwandter des Fabrikherrn, war eines Tages frech genug, eine kleine Zärtlichkeit zu wagen und ihr über die Wangen zu streicheln. Da sagte sie mit Absicht so laut, daß alle es hörten: «Bitte, das Handtuch hängt in der Garderobe. Als Abwischlappen für Ihre schmutzigen Finger bin ich nicht angestellt!»

«Eine Sakramentskröte, eine freche», brummte der Abgeblitzte.

Doch der Respekt vor dem kleinen Mädchen wuchs. Man behandelte sie allmählich wirklich als Dame und hütete sich, ihr zu nahe zu kommen. Sie war nicht frech, im Gegenteil, lieb und gefällig, solange die anderen in den Schranken blieben. Darum hatte sie den Kopf aber auch bei der Arbeit, schaffte hervorragend gut, rückte auf, lenkte allmählich die Aufmerksamkeit des kaufmännischen Leiters auf sich. Bei besonders wichtigen Verhandlungen mußte sie nun das Stenogramm aufnehmen und die Abschriften machen zu Sitzungen und Beratungen. Sie wurde Privatsekretärin, ohne daß sie es merkte. Die Bezahlung gestaltete sich der Arbeit gemäß, da die Tarife noch nicht alles so schematisiert hatten wie heute.

Der Chef hatte keine große Meinung von den Mädchen, wie alle Herren, die ihre Erfahrungen gemacht haben. Aber die imponierte ihm und imponierte ihm immer mehr. Als das Josefinchen einmal krank war, fehlte es ihm so sehr, daß er sich am kommenden Mittag aufmachte, nach ihm zu sehen. So kam er in die Familie des Stationsvorstehers.

«Sie fehlen uns, Fräulein Stein. Sie müssen recht bald wieder kommen.»

«‚Kein Mensch ist unersetzlich', hat selbst ein Bismarck gesagt. Wenn mein Bruder fertig ist in zwei Jahren, dann ...»

«Dann werden Sie uns doch nicht etwa verlassen wollen und seine Haushälterin werden? Das gibt es nicht ...»

«Der Platz ist schon vergeben. Da wartet unser Kleines darauf, die jüngste Schwester. Aber ich sattle um und werde Säuglingsschwester.»

«Müssen es gerade fremde Kinder sein?»

«Das nicht. Aber ob man zu eigenen kommt ...»

Man plauderte ganz harmlos im Familienkreis. «Ob man einen rechten Mann bekommt, so einen, den man zum Vater seiner Kinder haben möchte, daß man es verantworten kann ...»

«Sie haben doch Auswahl genug.»

«Ach, das sind doch keine Männer, die um jeden Rockzipfel herumscharwenzeln und glauben, gegen eine Tafel Schokolade Frechheiten machen zu dürfen – so traurige Gestelle!»

Von diesem Tag an hatte eine rechte Eifersucht den Chef gepackt. Wenn nun einer käme, das Josefinchen eroberte, ihm wegnähme ... den Kragen drehte er ihm im Geist schon herum! Das durfte nicht passieren. Als das Josefinchen wiederkam, wußte er plötzlich, was er zu tun hatte, sich den Sonnenschein festzuhalten. Eigentlich war es ja schade für so ein Prachtmädchen, auf dem Büro zu verstauben wie alte Akten, und seine Wohnung stand leer. Zwei Zimmer hatte er möbliert. Eine alte Stundenfrau hielt notdürftig Ordnung darin. Was hinderte ihn denn?

Es war nicht leicht beizukommen. Als er eines Tages nach langem Überlegen einen kleinen Vorstoß wagte, sah ihn das Josefinchen so vorwurfsvoll und traurig an: «Aber Herr Direktor ...», sagte es nur, mit Augen, als wäre der halbe Himmel eingefallen. Tränen funkelten darin ...

Da kam ihm endlich der Gedanke, daß der alte, bewährte Weg der beste sei. Er ging an dem gleichen Tag noch zu dem Stationsvorsteher und warb um seine Tochter. Mit dem Schwiegersohn konnte der Vater wohl zufrieden sein. Er war ein aufrechter Mann, hatte den gleichen Glauben, eine gesicherte Lebensstellung. Das Josefinchen hatte den Chef schon lange liebgewonnen, ohne es zu wissen. Erst an dem heutigen Tag merkte sie, daß etwas anders war als sonst. Sie war gar bitter enttäuscht und betrübt, daß er auch so war wie die anderen! Doch der Irrtum klärte sich auf. Und die liebe Sonne lachte wieder ...

Josefinchen wollte durchhalten, bis Josef fertig war. Nur ungern gab der Vater sich damit zufrieden, daß sie fernerhin mit ihrem Verlobten zusammen arbeiten sollte. «Kind, sei auf deiner Hut und bleibe rein. Denk immer daran, daß alles so sein und bleiben muß, daß die

Mutter und ich dich jederzeit sehen können, daß du dich nie zu genieren brauchst. Ein Kuß in Ehren, ja. Aber nicht zuviel, Kind, nicht zuviel. Wirf dich nicht jetzt noch weg, nachdem du dich so lange treu bewahrt hast. Auch dem geliebten Mann gegenüber bewahre unbedingt deine Reinheit.»

Einmal hatte sich der Chef ein wenig vergessen in aufflammender Leidenschaft. Sofort war die Abwehr da im Herzen des Mädchens.

«Paul, für wen hältst du mich denn heute? Gab ich dir Veranlassung dazu? Wenn du morgen nicht kommst und um Entschuldigung bittest, dann sind wir geschiedene Leute ...», und sie ging, eine Stunde vor Feierabend.

Am anderen Tag, einem Sonntag, stand der Direktor schon um acht Uhr morgens vor dem Stationshäuschen, unschlüssig, ob er es jetzt schon wagen dürfe, nach dem Josefinchen zu fragen. Nun wußte er erst recht, was für einen Schatz er in dem Mädchen besaß. Er war ein viel zu aufrechter Mann, um es nicht einzusehen, wie sehr er im Unrecht gewesen war.

Als ich ein gutes Jahr nach der Hochzeit das erste kleine Mädchen dort auf die Welt setzte, erfuhr ich diese Verlobungsgeschichte. Der Direktor selbst erzählte sie bei der Nachtwache, wie man so von diesem und jenem sprach.

«Wenn alle Mädchen so wären, wie meine Frau einmal war, würden sicher auch die allermeisten Ehen einmal glücklich sein. Glauben Sie mir, da liegt der wundeste Punkt, an den man bei allen Reformen nicht denkt: die Reinheit vor der Ehe. Wenn wir sie den Menschen wiedergeben könnten, wäre das Eheproblem zu neunzig Prozent gelöst.»

So hat mein Josefinchen sich den Grund gelegt zu einer glücklichen Ehe. Der Mann hat es beizeiten gelernt, seine Frau recht von Herzen zu achten, und es liegt nicht der leiseste Schatten der Vergangenheit auf dem jungen Glück. Das Haus ist nicht auf Sand gebaut, das steht auf Felsengrund.

Recht auf Leben

Es war der verhängnisvolle 31. Juli 1914. Ein klarer, aber schwüler Sommerabend zog herauf. Die Bauern hatten die Sensen geschliffen. Auf den Feldern stand die Ernte reif in der Sonnenglut. Ein paar Tage noch, dann setzte die Arbeit ein. Vereinzelt lagen schon Roggenfelder gemäht.

Da zog ein Raunen und Flüstern durch den Ort. Wuchs wie ein Sturmgebraus. Der Gemeindediener stürzte aus dem Rathaus mit der großen Schelle in der Hand, rechts durch den Ort, der Polizeimann mit dem Horn wie zum Feueralarm nach links. Die Fabriksirenen heulten. Die Tore der Werke öffneten sich und spieen die Massen der Arbeiter wohl eine gute Stunde zu früh heute aus in den Sommerabend. Überall erregte, hastende Menschen. Alle Räder standen plötzlich still. Selbst die Kirchenglocken fingen zu rufen an ...

«Was ist geschehen», fragte die Mutter, an deren Bett ich seit Mittag wartete, bang und erregt. «Ist Großfeuer?»

So trat ich an das offene Fenster hin. «Krieg! Krieg!» klang es wie ein Schrei aus tausend Herzen zu mir hinauf.

«Krieg mit Rußland! Krieg mit Frankreich! Allgemeine Mobilmachung! Morgen schon müssen die Männer einrücken ...»

«Krieg», sagte die werdende Mutter. «Ja, Krieg ... und der Friede ist doch so ein kostbar' Gut ... der Friede im Haus ... im Herzen ... soll es auf der großen Erde denn anders sein? ... Wissen die Menschen, was Krieg ist ... was es ist, sich monatelang zu wehren um das Leben?»

Eine kriegsmüde Mutter lag in den Geburtswehen. Eine Siegerin, wie sie wohl selten zu treffen ist. Wie sehnte sich ihr wundes Herz nach Ruhe und Frieden, und draußen schrien die Menschen nach Krieg ... Sieben Monate, so lang wie ihre Ehe, war auch ihr Leid, war der Krieg um das Kind, das sie unter dem Herzen trug, das nun geboren wurde. Sie war als Stütze bei Frau Doktor Wille gewesen. So lernte sie im Ort den Otto Bertroux kennen, einen sehr strebsamen und ehrgeizigen Facharbeiter der Fabrik. Bei der Herstellung der Farben für die Textilwaren beschäftigt, machte er ständig insgeheim Versuche und Experimente, Besseres zu erzielen, und in der Tat waren ihm auch zuweilen schon neue Zusammenstellungen geglückt. So überließ man ihm nebenbei ein Plätzchen im Laboratorium. Selten war er einmal einen Abend nicht dort zu finden.

Doch Amor ist tückisch. Er fand auch den Weg zu ihm. Bei einem Waldfest der Sanitätsabteilung traf er mit Else zusammen und fing Feuer. Eigentlich kam ihm das nicht ungelegen; denn zu heiraten bot manchen Vorteil. Da erwarb er sich einen Anspruch auf eine Arbeiterwohnung und hatte sich insgeheim schon eine ausgesucht. Eines der neuen Zweifamilienhäuser draußen beim Wald. Da wollte er sich ein kleines Versuchsflecklein daneben herstellen, um unabhängig von der Fabrik weiterzustreben. Er glaubte fest an sein Genie und das kommende große Glück. So überlegte er es nicht lange, Else – nachdem sie ihm auf seine stürmischen Bitten alles geschenkt hatte – auch rechtlich zu seiner Frau zu machen. Er hatte auch auf Gerede hin angenommen, daß sie über etwas Vermögen verfüge, was aber nicht zutraf. Ihr Erspartes brauchte sie zum neuen Hausstand.

Am ersten Abend im eigenen Heim war es. «Du, ich glaube, wir bleiben nicht lange allein», sagte Else zu ihrem Mann. «Mir ist so schlecht die letzten Wochen, muß mich immer wieder erbrechen ...»

«Bist wohl verrückt!» begehrte er auf. «Das sollte mir gerade noch fehlen. Ich kann kein Kind brauchen die nächsten zehn Jahre, verstanden! Wenn das deine ganze Mitgift ist, die du mir bringst ... dann ...»

«Aber es ist doch von dir! Ist dein Kind so gut wie das meine. Wärst du nicht so stürmisch gewesen und ungeduldig in deinem Verlangen – meinetwegen hätten wir noch lange warten können mit der Hochzeit.»

«Komm mir nicht mit diesen alten Moralsprüchen. Dazu sind Mann und Frau auf der Welt, daß sie einander gehören, sich geben und empfangen, wie es in der Natur liegt, heute – morgen – übermorgen – wie die Lust sie bewegt und treibt. Warum sich künstlich zum Warten zwingen wollen? Ein jeder Mensch ist Herr über einen Leib. Auch du und ich. Wirst wissen, was andere Frauen tun, wenn sie kein Kind haben wollen.»

Die Mutter schwieg still. Ihr war, als ob ihr Herz zu Eis erstarrte. Also so war der Mann, dem sie sich zu eigen gegeben! So fing die Ehe an? Ein eisiger Schauer schlich an sie heran, ein Grauen vor der Zukunft, die vor ihr lag. Wie im Fieber erschauernd, stand sie auf und ging ins Bett. Ohne noch ein Wort zu reden.

So war die Fackel der Zwietracht am ersten Tag hineingeschleudert in das neue Heim. Am kommenden Morgen ging er an die Arbeit, ohne Gruß. Am Mittag kam er nicht heim zum Essen, und am Abend hatte er merklich zuviel getrunken, überschüttete seine Frau mit sinnlichen Zärtlichkeiten. Und sie duldete es um des Kindes willen, obwohl ihr seit dem vergangenen Tag ein Ekel daran gekommen war. So trieb er es vierzehn Tage lang. Denn er hatte in seiner Wut sich ein Abonnement in der Kantine zum Mittagessen genommen und war zu stolz, es rückgängig zu machen, zu geizig, es verfallen zu lassen. Jeden Morgen grämte ihn das unnütz ausgegebene Geld, jeden Mittag unterlag er wieder. –

«Wie ist es nun? Hast du dich nach dem Nötigen umgesehen? Laß dir ja nicht einfallen, mir Geschichten machen zu wollen!» muckte er zwei Wochen später auf. Sie legte ihm, ohne ein Wort zu sagen, ein Buch vor die Nase. «Das Recht der Ungeborenen» stand auf der Umschlagseite.

«Pfaffenkram, verdammter! Die haben gut schwitzen!» Ungelesen warf er es in die Ecke. «Fahre in die Stadt zu dem Heilkundigen, wo andere Frauen auch hingehen. Sonst sind wir geschiedene Leute!»

«Nein. Wenn wirklich ein Kind kommt, wie ich vermute, dann hat es ein Recht auf sein Leben, und ich werde es nicht antasten.»

«Das wagst du mir ins Gesicht zu sagen! So verweigerst du mir den Gehorsam! Wer ist der Herr im Haus, du oder ich?» Er hatte sie in sinnloser Wut an den Haaren gefaßt. Trat mit Füßen nach ihr. «Ich werd' dir zeigen, was du zu tun hast...»

Da sie in jähem Erschrecken ohnmächtig zusammenbrach, kam er wohl zur Besinnung. Doch er ließ sie auf dem Boden liegen und ging, als wäre nichts geschehen. –

Ähnliche Auftritte wiederholten sich alle paar Tage, wechselten ab mit einer ebenso sinnlos rasenden Sinnlichkeit, wobei er dann versuchte, sie mit Zureden gütlicher Art, ja selbst mit Geschenken, gefügig zu machen. Da Woche um Woche verging und da seitens der tapferen Frau nichts geschah, um das Kind zu beseitigen, wurde er immer brutaler und roher. Mit satanischer Raffiniertheit verstand er es, die Mutter zu quälen. Er gab ihr keinen Pfennig Geld mehr in die Hand und besorgte selbst die kleinsten Einkäufe an Lebensmitteln, damit sie keine Möglichkeit hätte, für das kommende Kind die nötigen Anschaffungen zu machen.

Eines Tages kam die Mutter zu mir und klagte mir ihre Not, da sie keinen Ausweg mehr sah, keinen Mut mehr hatte, so weiterzuleben.

«Frau Burger, ich kann es nicht mehr. Es ist nun erst der fünfte Monat. Und wenn er mir den Kerl ins Haus bestellt, wie er gestern gesagt hat, dann laß ich alles gehen, wie es will ...» Herzbrechend fing sie zu weinen an.

Hier tat schnelles Handeln dringend not. Ich bin zu Doktor Wille gegangen. Am gleichen Abend noch machte er einen Besuch bei Bertroux und bat, er möchte seine Frau auf einige Wochen zur Aushilfe wieder zu ihm kommen lassen. Sein Kinderfräulein wolle weg. Bis er ein anderes habe ... Frau Bertroux kenne doch den Haushalt, und sie solle gleich mitkommen, daß seine Frau heute nacht nicht so allein sei. Er müsse noch über Land. Herr Bertroux solle solange mittags zum Essen kommen, wenn er ihm nun seine Frau entführe...

Der wollte ja brennend gern widersprechen. Doch er hatte ein böses Gewissen und getraute sich nicht. Wenn sein Verhalten herauskam, das konnte doch ungemütlich werden. So biß er in den sauren Apfel und spielte den galanten Ehemann, indem er seiner Frau den schnell gepackten Koffer mit einiger Wäsche nach der Villa Storchennest trug.

So hatte die arme Mutter nun wenigstens ein paar bessere Wochen. Beim Mittagessen versuchte ihr feiner Mann zwar immer, ihr schnell eines zu versetzen, meist gelang es ihm aber nicht, mit ihr zusammenzutreffen. Und wenn es einmal glückte, so prallte er ab. Sie hatte nun wieder Geld in der Hand und schaffte mit der lieben Doktorsfrau um die Wette, für das Kindlein alles zurechtzulegen.

Nach einigen Wochen aber sagte Doktor Wille beim Mittagessen: «Ich gratuliere Ihnen, Herr Bertroux. Ich habe festgestellt, daß Ihre Frau in der Hoffnung ist. So etwa im sechsten Monat. Das ist doch immer eine rechte Freude, sich als Vater zu wissen.» Und auch diesmal blieb dem Mann nichts anderes übrig, als seine Wut zähneknirschend hinunterzuwürgen. Daß er richtig übertölpelt worden war, bemerkte er zum guten Glück nicht. –

Acht Wochen etwa vor der Zeit der Niederkunft wollte die Mutter in ihr Heim zurückkehren. Der Mann fing an, sehr darauf zu drängen. Es schien, als habe er sich nunmehr in das Unabänderliche gefunden. Schließlich konnte ja nun, nachdem die Schwangerschaft öffentlich bekannt und so weit vorgeschritten war, kaum noch etwas geschehen. Wir täuschten uns aber alle mit unserer guten Hoffnung; denn die arme Mutter, die da in den Wehen liegt, ist voller blutunterlaufener Flecken und Striemen. Das Kind kommt vier Wochen zu früh – und die Tränen, die eben über ihre Wangen rinnen, als sie das Wort von Friedenssehnsucht sprach, reden laut und deutlich zu mir ...

Da kam der Mann hereingestürmt. «Krieg, Krieg mit Frankreich! Mon Dieu ... was soll ich tun ... heimkehren, mich totschießen lassen? Fällt mir nicht ein ... Wo soll ich hin ...» Kein Wort für die Frau! Nur sein liebes Ich sorgt ihn.

Und ich werde ungehalten.

«Warten Sie nur noch ein wenig. Dann wird man Ihnen schon sagen, was sie tun sollen. Und nun gehen Sie bitte hinaus. Bei der Arbeit kann ich keine Männer brauchen, die soviel Lärm machen ...»

So schiebe ich ihn ab. Er packt draußen den Koffer – packt ihn wieder aus. Rennt auf die Straße und kommt wieder zurück. Treibt um wie halb irrsinnig. So wird das Peterlein geboren. Wohl geborgen liegt es am Herzen der treuen Mutter. Gott weiß, was sie um das Kind gelitten hat. Der Vater aber schaut nicht nach ihm. Er hat soviel Sorge, um sein armes, liebes Ich zu schützen vor den drohenden Gefahren; ein Glück war es, daß er drei Tage später interniert wurde. Sonst hätte er noch seinen Verstand verloren.

Wie helfen?

Nun stehen wir schon seit langen Monaten mitten im Weltkrieg. Schneller, als jemand nur geahnt, brach das Verhängnis herein. So allmählich schien sich alles in einen Dauerzustand entwickeln zu wollen. Die Frauen von Soldaten erhielten nun ihre Unterstützung, meist verdienten sie noch dazu. Not war eigentlich in diesem Sinne damals nicht. Aber zehn Kindlein wurden schon im ersten Kriegsjahr als Waisen geboren – nur bei uns.

Eines Tages rief mich Doktor Wille: «Kommt mit, Lisbeth, der Frau Roth ihr ‚Urlaubskrämle' auspacken helfen.» Frau Roth hatte nach einer dreizehnjährigen kinderlosen Ehe jede Hoffnung aufgegeben, noch ein Kleines zu bekommen. Sie war schon anfangs Vierzig. Und sonderbar – nachdem ihr Mann in Urlaub gekommen war, hatte sie wirklich ein Kind empfangen. Es schien, als ob die Natur darauf bedacht wäre, den Ausfall an Menschenleben wieder auszugleichen. Solche Ausnahmen kamen im Krieg überall vor. Alle Kolleginnen wissen darum. Frau Roth hat große Sorge, es könne in ihrem Alter nicht mehr gut gehen. So hatte sie sogleich nach dem Arzt geschickt. Doch es war eine ganz normale Geburt und die Freude der Mutter über das späte Kleine unbeschreiblich.

«Nun bin ich doch nicht mehr allein auf der Welt. Wenn nun meinem Hermann etwas passieren sollte, ist doch das Kind bei mir. Lisbeth, wenn Ihr eine arme Mutter habt, will ich gern noch für ein Kindlein mitsorgen.» Roths waren wohlhabende Leute und konnten sich das leisten. Darum ließ ich es mir auch nicht zweimal sagen. Welche Hebamme wäre wohl in Verlegenheit darum, wo einer armen Mutter etwas Liebes getan werden kann? Die hätte keine rechte Auffassung von ihrem Beruf!

«Das kommt mir gerade gut. Seit Wochen besinne ich mich darauf, wie man auch der Frau Brehm helfen könnte.»

«Dem Schneider, dem schwindsüchtigen? Ist da schon wieder was?»

«Ja, Frau Roth, schon wieder. Es ist arg, fast noch ärger, als es bei Herzogs war. Alle neun Monate ein Kind. Und die Frau ist nun bald soweit herunter wie der Mann. Schwindsüchtig ist sie gerade nicht, aber sie hat eben nichts zu essen. Verdienen kann sie nicht genug. Immer nur ein paar Monate. Er ist selbständiger Meister, in keiner Kasse, keiner Versicherung, und die Landesstelle tut auch nichts mehr, weil der Fall hoffnungslos ist ... er schafft seit Jahren keinen Stich mehr.»

«Ich glaube, er hat auch keine Energie. Er könnte doch sicher ein wenig arbeiten.»

«Aber die Leute haben Angst, ihm Arbeit zu geben, wegen der Ansteckung.»

«Daß diese Leute nicht so vernünftig sind, keine Kinder mehr in die Welt zu setzen ...»

«Das hab' ich auch einmal gedacht und wiederholt mit Frau Brehm gesprochen. Sie hat ihren Mann eben lieb. Er ist früher ja auch ganz ordentlich gewesen, nur daß er eben schon nach zwei Jahren krank wurde. Aber nun sagt sie: ‚Er ist mein Mann, und ich muß sein Kreuz mit ihm tragen. Solche Kranke haben ein besonderes Bedürfnis nach ehelicher Liebe. Und ich sehe es alle Tage, wie mein Mann darunter leidet, daß es so ist, daß er die Kraft nicht hat, anders zu sein!'»

Da sagte Frau Roth sehr nachdenklich: «Ich könnte mich meinem Mann auch nicht versagen, wenn es so wäre. Dann müßte ich auch seine Frau sein. Das bringt eine Frau nicht fertig, den Mann dann hart abzuweisen. Da wird sie immer nachgeben. Eben weil sie ihn liebhat und er ihr so arg leid tut in seiner Krankheit.»

Wenn man davon spricht, stehen Frau Brehm gleich die Tränen in den Augen: «Ich weiß, daß man im ganzen Ort über mich spottet: Was brauchen die soviel Kinder! Aber ich muß immer denken: Nun ist mein Mann so krank. Wer weiß, wie lange ich ihn noch habe. Wenn er stirbt, dann reut mich jedes harte Wort und jeder Tag, an dem ich nicht gut mit ihm war. Dann muß ich mir über das Grab hinaus noch Vorwürfe machen.»

«Lisbeth, das versteht man jetzt gut. Schaut, wenn ich denke, mein Hermann käme morgen heim und müßte bald wieder fort in den Krieg, vielleicht für immer: da wäre ich auch zu allem imstande, was er Liebes wollte ...»

«Nun bekommt die arme Frau das fünfte Kind. Alle zehn Monate kommt eben eines. Sind alles elende Dingerchen. Wenn der Wind dran hinbläst, fallen sie um. Für die Frau aber will niemand im Ort etwas tun.»

«Sie hätte nicht stehlen dürfen ... das hat alle so erbittert.»

«Frau Roth, ich nehme das Stehlen sicher nicht in Schutz. Aber was hat sie gestohlen? Einmal einen Korb voll Kartoffeln auf dem Acker, nachdem sie einen Tag lang den Kindern nichts hat zu essen geben können und nirgends einen Laib Brot auf Kredit bekommen hat. Wenn eine andere im Ort so armselig daran wäre, ich wollte sehen, ob die nicht auch sich etwas zum Essen holt, wo es im Überfluß liegt ...

Das andere Mal hat sie ein paar Windeln und ein Röckchen von der Hecke genommen, damit sie ihr Kind sauber und ganz zum Impfen tragen kann, wie die anderen auch, hat gedacht, wenn ich heimkomme, wasch' ich es aus und hänge es wieder hin ...»

«Da ist sie leider an die Richtige geraten. Die dicke Schreinersfrau, die ein Maul hat wie ein Scherenschleifer, ist ihr durch das ganze Dorf nachgelaufen und hat hinter ihr dreingeschrien ...»

«Und das dritte Mal hat sie ein paar Holzscheite genommen, um dem armen, kranken Kind Tee zu kochen und dem Kleinsten die Milch warm zu machen. Eine Schand' ist es für eine Christengemeinde, daß so etwas in ihrer Mitte geschehen muß.»

«Lisbeth, geht gleich hin und schaut nach ihr. Ich könnt' sonst heute nacht nicht schlafen, wenn ich denken müßte, dir geht es so gut. Hast dein Kind in Spitzen und Bänder eingepackt – und eine andere Mutter muß stehlen gehen, damit das Kleine nicht verhungert. Meine Schwester soll Euch einen Korb voll Sachen richten.»

«Seitdem ich hinter die große Not gekommen bin, schaue ich immer nach ihr. Damit die arme Frau nicht auf falsche Gedanken kommt. Es ist heute gleich ein guter Ratgeber da, der sagt: Laß doch das Kind wegmachen. Du kannst es nicht austragen. Das tun alle reichen Frauen so ...»

«Nur, wenn die Not zu groß ist, dann wird sie doch irre. Fünf Kinder haben nichts zu essen. Keine Windel, kein Hemd mehr. Nun kommt das sechste ... und kaum ist es da, vielleicht das siebente. Es ist gut gesagt, wo vier essen, da essen auch fünf. Gewiß. Aber, wo fünf hungern, geht es dem sechsten gewiß nicht besser. Ein Kind direkt in den Hunger, in das nackte Elend hineinzugebären, ist furchtbar hart für eine Mutter. Man darf sich nicht wundern dann, wenn etwas getan wird ...»

«Warum hilft auch unser Gott nicht in solchen Fällen?»

«Weil er das Gebot der Nächstenliebe gegeben hat, daß der Mensch dem Menschen helfen muß in seiner Not. Wäre es notwendig, daß jemand hier am Ort solchen Mangel leidet? Und sie ist nicht die einzige Mutter hier, der man helfen muß ...»

«Sie will sich nichts schenken lassen, hab' ich sagen hören. Sonst wäre ich früher schon zu ihr gegangen.»

«Kommt ganz darauf an, wie man es tut. Sagen: ‚Du bist nun ein armes Luder, und ich will mich dazu herablassen, dir zu helfen' – und es nachher im Ort auszuposaunen – wissen Sie, Frau Roth, daran hat niemand eine Freude! Aber wenn Sie bei dem Kindlein, das jetzt kommt, Patin werden würden, dann hätten Sie eine Möglichkeit, immer hinzugehen und immer zu schenken, soviel Sie nur wollen und können. Eine Patin hat ein selbstverständliches Recht, eine Pflicht der Mitsorge. Das nimmt ihr niemand übel, das erwartet man von ihr. Daß wir diese Möglichkeit, anderen unter die Arme zu greifen, ohne sie zu verletzen, so wenig ausnützen! Ich hab' es nie recht verstanden.»

«Wahrhaftig, das ist wahr!»

Das «Urlaubskrämle» der Frau Roth ist noch zwei anderen Müttern zum Segen geworden bis heute. Manche andere Frau – auch ledige Berufstätige – hat sich auf diesem Weg etwas zum Liebhaben und Betreuen und Umsorgen, einen Ersatz für das eigene Kind, einen rechten Inhalt für ihr Leben verschafft.

Für zwei Pfund Butter

Der Krieg währt viel zu lange. Nicht nur im Feld, auch in der Heimat lockern sich alle Bande.

Alles wurde beschlagnahmt. Die Lebensmittel wurden rationiert. Die Löhne stiegen. Man überbot sich gegenseitig im Preis, um trotz der Beschlagnahme etwas zu erwischen. So fing die Preisschraube an. Der brutale Kampf um das Lebensnotwendige entfesselte allerhand ungute Instinkte in den Menschen. Er beschränkte sich nicht auf die ihm eigene Zone. Verschlagenheit, Unehrlichkeit, List und Tücke, Schmeichelei bis zur ausgeschämten Unsittlichkeit und Unzucht kamen hinzu, teils als Mittel zum Zweck, teils infolge der sittlichen Entartung, der physischen Erschöpfung. –

Menschenleben, mit denen man im Krieg so rücksichtslos umging, hatten auch in der Heimat keinen Wert mehr.

Auch in unserem Beruf gab es Kriegszeiten. Die Geburten gingen naturgemäß stark zurück. Die Männer kamen selten in Urlaub. Nicht wenige junge Paare, die bei Kriegsanfang schnell getraut worden waren, hatten noch kein eigenes Heim, verhüteten den Kindersegen, oder die Mutter ging zur Geburt in die Klinik. Und andere Dinge kamen hinzu, von denen das Volk früher nicht viel wußte.

Man ließ sich mit den Kriegsgefangenen ein oder mit anderen Männern – und die Folgen wurden beseitigt. Merkwürdig viele Fehlgeburten gab es auf einmal.

«Mit der Frau Utz stimmt etwas nicht», klagte mir die Kollegin aus dem Nachbarort wiederholt. «Sie hat viel Kundschaft – aber keine Geburten. Alle Tag' kommen Frauen zu ihr, alte und junge – manchmal von weit her. Utz' leben nicht schlecht. Dabei arbeitet er nicht und sie nicht viel, was man so sieht.»

Ich nahm das zunächst nicht tragisch. Wird ein wenig Konkurrenzneid sein, dachte ich. Zwei Hebammen an einem kleineren Ort ist immer ein ungutes Verhältnis. So hat keine von beiden genügend Arbeit und Verdienst. Wohl sind beide verheiratet, aber trotzdem. Auch ist die

Utz uns allen von jeher unsympathisch gewesen, weil sie die Taxe unterboten und andere Dummheiten gemacht hat. Darum muß man mit einem Urteil besonders vorsichtig sein. Wir Menschen sind leicht parteiisch, wenn es um Sympathie und Antipathie geht. Ich möchte nicht freventlich urteilen. –

Eines Tages kommt ein sehr gut aussehender, scheinbar reicher Herr zu mir, sagt, er sei ein Deutsch-Amerikaner und könne nun nicht in die neue Heimat zurückkehren, bis der Krieg zu Ende sei...

«Und Sie sind doch patentierte Hebamme, und wie ich hörte, sehr tüchtig in Ihrem Fach.»

Lisbeth, sei auf deiner Hut, sage ich mir. Wo Komplimente gemacht werden, wird etwas zu erreichen gesucht – wahrscheinlich etwas Verbotenes.

«Hebamme bin ich seit vielen Jahren. Womit kann ich dienen?»

«Ja, sehen Sie, meine Braut ist in anderen Umständen. Das ist natürlich eine sehr fatale Sache, wenn man im Hotel wohnen muß...»

«Wir eröffnen nächste Woche hier in unserem Krankenhaus eine Abteilung für Entbindungen. Weil es heute manchmal vorkommt, daß das nicht zu Hause gemacht werden kann. Wenn Sie sich da vormerken lassen wollen...»

«Aber nein, Sie verkennen die Situation. Wir können uns nicht binden. Es ist doch eine furchtbare Behinderung... wir müssen frei sein, bis wir in die Heimat kommen...»

«So wollen Sie wohl eine Pflegestelle für das Kind?» Mir ging ja ein Licht auf, wo es hinaus wollte!

«Nein. Das Kind darf nicht geboren werden. Wir können es jetzt einfach nicht brauchen. Das müssen Sie doch einsehen. In unseren Verhältnissen...»

«Das hätten Sie sich mit Ihrer Braut eben früher überlegen müssen. Da darf man nichts machen, wenn das Leben einmal da ist...»

«Freilich kann man etwas machen. Sie als Hebamme wissen das ganz gut, wie man eine Fehlgeburt einleitet. Wir zahlen gut. Es kommt mir auf dreihundert Mark nicht an...»

«So, einen Mörder wollen Sie dingen für ein unschuldiges, wehrloses Kind. Da sind Sie aber an die falsche Adresse geraten! Machen Sie, daß Sie zu meinem Haus hinauskommen!» Und ehe er sich's versah, stolperte er die Treppe hinab. Den Hut warf ich ihm noch nach. Der kommt mir geschlichen! Ich gehe sofort auf das Schultheißenamt und erstatte Anzeige, daß man dem Kerl und seiner Braut auf die Finger sehen soll zum Schutz des Kindes. Doch es geschieht natürlich nichts. – Ein paar Tage später wird eine Korrespondentin aus der Zementfabrik – das Fräulein Braut – in unser Krankenhaus eingeliefert, wegen einer Fehlgeburt, verbunden mit einer schweren inneren Verletzung. Und sie stirbt daran, ein junges Mädchen von noch nicht zwanzig Jahren...

Am anderen Tag wird Frau Utz mitsamt ihrem Mann verhaftet. Vier Kinder sitzen da. Das älteste zwölf Jahre. Niemand kümmert sich um sie. Durch Doktor Wille hatte ich erfahren, was bevorstand, und mit ein paar Kolleginnen besprochen, daß jede eines der Kinder zu sich nimmt, bis man sieht, was wird. Nun habe ich alle vier in das Krankenhaus geholt, bis sich Gelegenheit bietet, sie in die anderen Ortschaften zu schicken.

Einige Tage später bin ich in das Oberamtsstädtchen gefahren, wo Frau Utz in Untersuchungshaft saß. Kaum hatte sie mich gesehen, fing sie zu schimpfen an:

«Daß ich so dumm war... dreihundert Mark! Dreißig hat der Lump mir gegeben... So ist es immer gegangen... Viel versprochen haben alle und gehalten nichts hintendrein. Der eine sagt einen Zentner Weizen und bringt zehn Pfund... und die andere hundert Eier und schickt fünfzehn... Dafür hat man das Risiko und die Arbeit...» «Ja, haben Sie das denn schon öfter getan?»

«Was will man denn machen, wenn man leben muß! Im Beruf sind ja keine fünf Mark zu verdienen im Monat. Geburten gibt es keine mehr. Wenn ich es nicht mache, machen es die Burschen selbst. Dann hat man erst recht das Nachsehen...»

«Aber Frau Utz, Sie als Hebamme mußten doch wissen, daß so ein Eingriff eine Lebensgefahr ist, daß es schiefgehen kann und daß Sie dann in das Zuchthaus kommen...»

«Was sonst noch! Ich habe ganz sachgemäß gearbeitet. Hab' es beim Marx gelernt. Nur diesmal das dumme Frauenzimmer, wenn das sich ruhig verhalten hätte, wäre auch nichts passiert...»

«So treiben Sie die Sache schon lange – seit Marx da war?»

«Wenn man einmal bekannt ist, kann man nicht mehr aufhören. Es spricht sich herum. Wenn man eine wegschickt, kann sie zum Kläger werden, solange wir das verfluchte Gesetz haben, daß man den Frauen nicht helfen darf. Und das wissen alle, und darum zahlen sie auch nachher nicht, die liederlichen Dinger.»

«Frau Utz, haben Sie denn ganz vergessen, was wir in der Hebammenschule gelernt haben, daß es ein Menschenleben ist vom Tag der Empfängnis an, das wir schützen und hegen müssen genauso, wie die Mutter das Geborene betreut?»

«Ach was, Menschenleben! Hat ja schon zu viele auf der Welt! Wie viele schlägt man denn draußen tot! Große, starke Männer. Das ist doch noch kein richtiges Leben, das Ungeziefer da, das die Internierten uns in den Pelz setzen, ist doch alles minderwertig und fällt der Allgemeinheit später zur Last. Das Leben kommt doch erst im vierten Monat ...»

«Müssen Sie eine schlechte Ausbildung gehabt haben, Frau Utz, daß Sie so etwas nachschwätzen können! Seien Sie doch ehrlich, wenigstens gegen sich. Sie haben genau gewußt, daß es Menschenleben sind, haben sie umgebracht, des Vorteils wegen. Wie der Marx auch. Warum sind Sie dem Lump nicht nachgegangen, der Ihnen die dreihundert Mark versprochen hat, haben ihn im Wald totgeschlagen und sich das Geld geholt?»

«Das darf man doch nicht – einen totschlagen ... da kommt man ins Zuchthaus ...»

«Nun haben Sie sich selbst gerichtet. War das besser, was sie getan haben? Haben Sie nicht immer wieder ein armes, wehrloses Kindlein getötet – für ein paar Pfund Butter oder Mehl! Vielleicht haben Sie da einen Gelehrten ermordet, vielleicht den Mann, der uns aus dem Elend hätte helfen können? Wer will das wissen? Aber Menschen waren sie alle, und ihre Seelen stehen vor Gott und fordern Rache für ihr Blut, das Sie vergossen haben.

Und Ihre Kinder sitzen nun daheim und haben kein Brot, sind verachtet im ganzen Ort – weil es Ihre Kinder sind. Ist es nun besser?»

«Was hätte ich denn tun sollen? Ohne Verdienst? Wartegeld bekomme ich auch nicht, weil mich die Gemeinde nicht angestellt hat ...» Sie weinte plötzlich. Das ist aber bei Leuten solcher Art leider gar nicht ernst zu nehmen.

«Daß man einen Menschen nicht umbringen darf, um sich seinen Unterhalt zu verdienen, das haben Sie gewußt. Arbeiten Kolleginnen nicht auch in der Fabrik, weil sie im Beruf fast nichts zu tun haben und ihre Familien mit versorgen müssen? Sie waren gesund genug, um sich auch so zu helfen. Na, und Ihr Mann ...»

«Der Lump hat mich ja ins Elend gebracht. Hat selbst nicht schaffen wollen, ist in die Wirtschaft gegangen und hat mir die Leute zugetrieben. Immer hieß es: Ihr Mann hat gesagt, Sie könnten helfen ...»

Ich habe es ihr nicht gesagt, daß wir die Kinder untergebracht haben. Erst drei Wochen später, als sie wirklich ernstlich sich darum sorgte, was aus ihnen würde, als sie ihr Unrecht zugab. – Siebenunddreißig Fälle wurden ihr nachgewiesen. Wie viele es waren, weiß Gott. Das Gericht sprach ihr fünf Jahre Zuchthaus zu ...

Eine Mutter, die selbst vier Kinder hat, kann Menschenleben kaltblütig und planmäßig überlegt töten – für zwei Pfund Butter! Wer vermag die Abgründe der Menschenherzen zu ermessen!

Dreizehn waren es

In unserem kleinen Krankenhaus, das seit zehn Jahren von Schwestern geleitet wird, haben wir nun zwei Zimmer mit je zwei Betten für Entbindungen bereitgestellt. Wir sind der größte Marktflecken der Gegend, sind Bahnstation, haben durch die Industrie viele Kassenpatienten, deren häusliche Verhältnisse oft viel zu wünschen übrig lassen, die sich daher ein Weilchen im Krankenhaus recht wohlfühlen.

Mir schadet diese Einrichtung nichts. Ich werde ja immer in das Krankenhaus gerufen, wenn da ein Kindlein kommt. Es geht ganz gut so und könnte wohl überall entsprechend gehandhabt werden.

Eines Nachts wurde ich durch die Schwestern gerufen.

Die Frau des Kantinenwirts war eingeliefert worden mit hohem Fieber, halb bewußtlos, phantasierend, blutend. «Wohl eine Frauensache», sagte die Oberin.

Leider Gottes, ja, eine Frauensache. Wie so oft in der letzten Zeit. Doch das Allgemeinbefinden weist auf besonders schwere Komplikationen hin. Es ist keine normale Fehlgeburt. Solches Fieber kommt nicht von selbst. – Ich denke zurück und suche nach einem Anhaltspunkt. Eine Karte mit einem Namen: «Heilkundiger und Masseur», fällt mir in die Hand. Darunter steht: Nachfolger von Marx. Da wußte ich, was dahinter steckt...

Mit einem dicken Klumpen schwarzen, geronnenen Blutes geht das Ärmchen eines etwa fünf Monate alten Kindes ab.

«Schwester, richten Sie bitte alles zur Operation, bis der Arzt kommt. Wenn überhaupt noch etwas zu helfen ist, wird es nur durch einen Eingriff zu machen sein.»

Es kam eine entsetzliche Nacht. Die schrecklichste meines Lebens, und einige schaurige Tage und Nächte schlossen sich an. Doch ich wollte, daß alle sie hätten miterleben können, die jemals auf Abtreibungsgedanken kommen sollten. Eine Hebamme ist an vieles gewöhnt. An Stöhnen und Schreien, Angst und Weh, Blut und Grauen. Wo andere Frauen längst in Ohnmacht fallen und weglaufen, muß man bleiben und seine Arbeit tun, still, fest und bestimmt, als hätte man nichts Lebendiges unter den Händen und kein Herz, das mitzuckt und blutet. – Aber ein solches Ende, wie diese junge Frau von dreißig Jahren es erlebte, möchte ich nicht noch einmal miterleben.

Die Turmuhr rief ihre zwölf Schläge in die stille, laue Sommernacht hinein. Es war ein drückend heißer Tag gewesen. Alle Fenster waren offen, die Kühle der Nacht hereinzulassen. Kranke hören im allgemeinen die Uhren gern schlagen. Doch da richtet sich die Frau auf...

starrt mit Augen voll grenzenlosen Entsetzens nach der Tür ... immer stierer und größer wird der Blick ... das Grauen des Wahnsinns steigt darin auf ... das Haar sträubt sich ... mit einem Satz will sie aus dem Bett springen, nach dem offenen Fenster, sich hinunterstürzen ... «Fort ... nur fort ...», keuchen die fahlen Lippen. Angstschweiß perlt über die Stirn. Mit äußerster Kraft gelingt es uns, sie festzuhalten. Da verkriecht sie sich unter die Decke, heult und winselt in Angst und Schrekken ...

Und es ist doch nichts da, nichts – kein Schatten, kein Lichtstrahl. Im friedlichen Halbdunkel liegt der Raum.

Eine Weile liegt sie erschöpft, wie tot in den Kissen. Wachsgelb und eingefallen wie eine Frau von siebzig Jahren. Dann schleicht das Entsetzen wieder heran, und sie beginnt zu reden ...

«Jetzt ... jetzt kommen sie wieder ... eines nach dem anderen, eins ... zwei ... drei ... das ist schon groß, fast ausgewachsen ... vier ... fünf ... das ist ganz klein geblieben ... sechs ... sieben ... acht ... dem ist der Kopf abgerissen, nun trägt es ihn in der Hand ... neun ... zehn ... dem sind die Beine weg, es bewegt sich doch ... ist mitten entzwei und blutet ... elf ... zwölf ... und jetzt nur ein Arm ... und ein Bein ... Wo hast du deinen Kopf ... die anderen Glieder? ... Warum habt ihr keine Augen ... keine Augen ...»

Sie reißt plötzlich die Bettdecke hoch und preßt sie vor das Gesicht. «Nein ... nein ... geht ... geht ... ihr habt kein Recht zu leben ...» und sinkt erschöpft zusammen.

Nach einer Weile fängt sie wieder an: «Hört ihr sie reden? Hört ihr sie ...? ,Wir können das Licht nicht sehen ... gib uns deine Augen, Mutter! ... Du hast uns die unseren genommen, gib uns deine Augen ...' hört ihr sie nicht ... da ... dort ... eins ... zwei ... drei ...» wieder das entsetzliche Zählen bis dreizehn. –

Mir steht das Herz still vor Schreck in jähem Begreifen. Doch nein, es sind Fieberträume, Wahnideen. Es ist doch nicht möglich. Doch ich werde den Gedanken nicht mehr los. Das Ende stimmt: ein Arm und ein Bein sind bis jetzt abgegangen von dem Kind, das auf verbrecherische Weise getötet wurde im Mutterschoß. Aber daß es das dreizehnte sein soll ...

«Was wollt ihr hier ... jetzt ... heute? ... Ihr seid tot ... ihr habt nie gelebt ... ich habe keine Kinder ... wer hat euch hergeschickt? ... Da ... da ... kommen sie wieder alle ... eins ... zwei ... drei ...

Hört ihr sie rufen ... hört ihr sie? ... Du hast uns den Frieden genommen ... uns heimatlos gemacht ... hast unsere Ruhe gestohlen ... Und die Augen ... die entsetzlichen hohlen Augen ...»

Die spitzen Finger der Kranken zeigen wieder zählend der Wand entlang. «Zwei ... vier ... sechs ... geht ... geht ...»

Abwehrend streckt sie die Hände aus. Schlägt um sich. Wehrt sich gegen unsichtbar andringende Gestalten, bis sie wieder zusammensinkt. Doch sie findet keine Ruhe.

Plötzlich wieder ganz rasend werdend, schreit sie auf: «Geht ... geht ... rührt mich nicht an ... laßt mich fort ... fort ... sie wollen mir die Augen nehmen ... das Herz ... laßt mich ... weg ... weg ...» Schleudert die Schwester beiseite. Zum Glück kommt der Arzt. Mit einer Blutwelle wird der Kopf des Kindes ausgestoßen. Eine schnelle Diagnose: sofortiger Eingriff. «Es ist alles bereit», sagt die Oberin. «Wir dachten es uns.» Da auch die Zahl der Schwestern sehr vermindert war im Krieg infolge der vielen Lazarette, habe ich damals oft bei Operationen mitgeholfen. So auch heute.

Der Befund bestätigte meine Erwartung. Das Kind war infolge eines mechanischen Eingriffs zerstückelt, die Gebärmutter mehrmals verletzt. Eine Bauchfellentzündung bereits im Entstehen. Dazu die fast unstillbare Blutung stundenlang – voraussichtlich morgen zu Ende. Man benachrichtigte den Mann.

Der nahm die Sache sehr gelassen auf, bis er hörte, daß ein Prozeß sich unweigerlich anschließen würde. Da fing auch er an zu toben über die Juristen, die nichts anderes zu tun hätten, als ihre Nase in anderer Leute Ehen zu stecken, statt sich um ihre eigenen zu bekümmern. Wie er noch tobte und fluchte, fing die arme Frau, noch halb in der Narkose, schon wieder zu zählen an: «Da ... kommen sie wieder ... alle ... eins ... zwei ... drei ... vier ... fünf ... sechs ... sieben ... acht ...» Wie von Furien gejagt, rannte der Mann davon. –

Die arme Frau schrie und stöhnte drei Tage und drei Nächte lang. Nicht einmal die stärksten Dosen des betäubenden Giftes vermochten sie völlig zur Ruhe, in längere Vergessenheit zu bringen. Immer wieder sah sie ihre im Mutterschoß ermorderten dreizehn Kinder zu sich kommen mit ihren Klagen, Vorwürfen und Bitten.

Nach vier Tagen wurde sie unvermittelt klar, wenigstens schien es so. Wir benachrichtigten den Pfarrer und schickten nach dem Mann. Der Geistliche kam. Nach den ersten Worten fiel sie ihm in die Rede: «Dreizehn sind es, ja. Braucht gar nichts zu fragen.» Und wie er von Gottes Barmherzigkeit sprechen wollte, sagte sie mit letzter Kraft: «Laßt mich gehen ... ich will in die Hölle ... will es dem Lumpen heimzahlen in der Ewigkeit ...»

Und ein letztes Wort noch für den eintretenden Mann: «Lump!» – und starb ...

Eine selbstlose Liebe

«Lisbeth, ist das wirklich wahr, daß ich ein verkrüppeltes Kind bekomme? Weil mein Mann so ist, sagen die Leute nun überall, es würde sich vererben ...»

«Frau David, glauben Sie doch diesen Unsinn nicht. Daß Ihr Mann nun im Krieg ein Krüppel wurde, hat mit dem Kind rein gar nichts zu tun. Wenn die Leute doch nicht immer von Sachen reden wollten, von denen sie nichts verstehen.» Es ist geradezu unglaublich, was für dummes Zeug heute über Vererbung geredet wird.

«Denken Sie nur, die Frau Stern läßt mir keine Ruhe, ich sollte mit ihr in die Stadt gehen und die Schwangerschaft unterbrechen lassen. Das Kind würde sicher nicht normal, und darum könnte ich es nicht verantworten, wenn es geboren wird.»

«Sie können sich ganz bestimmt darauf verlassen, daß der Schaden, den Ihr Mann im Krieg erlitten hat, gar keinen Einfluß hat auf das Kind. Solche Schäden der Eltern vererben sich nie. Schauen Sie doch die Judenkindlein an. Seit Jahrtausenden werden die Juden beschnitten, und dennoch kommt kein Knäblein bei ihnen beschnitten auf die Welt. So wird auch Ihr Kind zwei Hände und zwei Füße haben, ganz unabhängig davon, daß Ihr Mann im Krieg beide Hände verloren hat.»

Doch Frau David hat es besonders schwer. Weil sie durch ihre Heirat in den Mittelpunkt des allgemeinen Interesses gerückt ist, glaubt jeder, das Recht zu haben, ihr etwas dreinreden zu dürfen.

Vor dem Krieg hat sie sich verlobt mit ihrem heutigen Mann, dem Kaufmann David, der hier am Ort einen großen Laden hat: Kleiderstoff, Eisenwaren und ähnliche Dinge. Frau David ist von einem guten Hof hier in der Umgebung. Nach ihrer Verlobung ging sie zu einer Kaufmannsfamilie in Dienst, wo sie auch im Laden mithelfen mußte, damit sie einen Begriff von dem Betrieb bekam. Als ihr Verlobter im zweiten Kriegsjahr eingezogen wurde, kam sie her und verwaltete sein Geschäft. Das war im Krieg mit der elenden Kartenwirtschaft keine kleine Sache. Doch sie hat es geschafft.

Eines Tages kam die Nachricht, daß David schwer verwundet im Lazarett lag. Sie schrieb hin und her, bekam aber keine klare Auskunft. Er selbst kann offenbar nicht schreiben. Man fühlt zwischen den Zeilen heraus, daß man sich fürchtet, die Wahrheit zu berichten. So vergehen lange Wochen. Dann kommt er in ein Heimatlazarett. Und sogleich macht sie sich auf, nach ihm zu sehen.

Der Schreck wird nicht gering gewesen sein, als sie nun erfahren mußte, daß er beide Hände bis zum Ellenbogen und ein Bein verloren hatte. Er ist für das ganze Leben verurteilt, ein armer, hilfloser Krüppel zu sein. Der Mann weinte wie ein Kind, als er sie sah. Selbstverständlich schien es ihm, daß nun sein Lebensglück zerstört, an eine Ehe nicht mehr zu denken sei. Für sie aber gab es kein Überlegen. Ihrer Liebe war es sofort klar: Nun gehörst du erst recht zu ihm. Nach den ersten tröstenden Worten ging sie gerade auf ihr Ziel los.

«Andreas, wann wirst du in die Heimat kommen? Wann darfst du hier das Lazarett verlassen?» Er schaute fragend nach dem Arzt, der eben durch den Garten ging und bei ihnen stehengeblieben war. Und dieser antwortete an seiner Stelle:

«Wohl in vierzehn Tagen – das heißt, wenn zu Hause für eine sachgemäße Pflege gesorgt werden kann. Es werden noch einige Monate vergehen, ehe wir daran denken können, zu orthopädischen Ergänzungen zu schreiten ...»

«An der Pflege wird es nicht fehlen. Wir heiraten eben – dann ist für alles gesorgt.»

«Meinen herzlichen Glückwunsch zu diesem Entschluß.» Großes Erstaunen stand in den Augen des Arztes. «Haben Sie Kinder?»

«Wieso denn – wenn wir doch erst heiraten wollen?» sagte das Mädchen.

«Verzeihen Sie – das ist doch jetzt bei den Kriegsverhältnissen keine Seltenheit ...» Nun konnte er es gar nicht mehr begreifen, daß es solche Frauen wirklich noch gab, jetzt im vierten Kriegsjahr – neben all den vielen anderen – Frauen, die ganz frei sind und einen solchen Krüppel heiraten, nur weil sie mit ihm verlobt sind und ihn liebhaben.

«Gib mir deine Papiere mit. Ich will an deiner Stelle das Aufgebot besorgen. An dem Tag deiner Heimkehr ist unsere Hochzeit. Nein, mach' dir keine Sorgen. Es gibt schon Arbeit genug für dich, die du immer noch schaffen kannst. Und mit der Zeit lernt man das immer besser.»

«Ich kann doch nicht, Emma, kann dich nicht binden an mich armseligen Krüppel. Schau mich doch an. Kindsmagd müßtest du ja sein von früh bis spät. Du stellst es dir zu leicht vor ...»

«Komm, red' gar nichts, Andreas. Wenn wir vorher geheiratet hätten, wäre es auch nicht anders. Für so ein trauriges Gestell wirst du mich doch nicht halten, daß ich dich nun aufgeben würde? Heißt es nicht, daß nichts uns scheiden soll als der Tod?»

«Wenn wir verheiratet wären – aber du bist doch frei.»

«Haben wir uns etwa nicht verlobt in der Absicht, zu heiraten? Also gilt es auch jetzt.»

Der ganze Ort wollte aus den Fugen gehen, als man dahinter kam. Kaum hing das Aufgebot im Kasten, da sickerte die Nachricht durch.

Von allen Seiten flutete sie wieder an mich heran. Denken Sie nur... Haben Sie es auch schon gehört?... Ja, was sagen Sie dazu?... Wie kann man nur!... Können Sie so etwas verstehen?

Verstehen kann ich so etwas allerdings sehr gut. Denn ich hätte unter den gleichen Verhältnissen nicht anders gehandelt. Das ist die Tat der echten, wahren Liebe – nicht des Mitleids –, die zuerst das Glück und Wohlergehen des anderen sucht, ehe sie an sich selbst denkt. Weil aber die Menschen heute nur immer an sich denken, ganz allein das erstreben, was ihnen für ihre eigene Person erstrebenswert scheint und den anderen an zweite Stelle setzen, darum verstehen sie es nicht mehr. Darum gibt es aber auch so wenig wirklich glückliche Ehen in unseren Tagen.

Damals bestürmten alle das Mädchen, von dieser unsinnigen Heirat abzusehen. Was ohne sie aus dem Mann werden sollte, daran dachte niemand. Doch sie ließ sich nicht aus der Ruhe bringen. «Ob ich glücklich oder unglücklich werde, ist meine eigene Angelegenheit, und es hat ein jeder das Recht, nach seiner Überzeugung zu handeln.» Damit fertigte sie alle ab.

Nach einigen Monaten neugierigen Beobachtens aus der Ferne war nun der Sturm erneut ausgebrochen, als – ich weiß nicht wie – bekannt wurde, daß Frau David in Erwartung war. Dabei ist gar nicht einzusehen, warum sie das nicht sein sollte. Sie und ihr Mann sind durchaus gesunde, rechte Menschen, haben ein gutes Einkommen, vertragen sich wie kaum noch zwei am Ort, sehnen sich von Herzen nach Kindern... also. Und wenn es ihnen je eines Tages schlecht gehen sollte, ist keiner von all denen, die nun dreinreden wollen zur Stelle und bereit zu helfen.

In den ersten Tagen der Revolution kam das Kindlein zur Welt. Ganz gesund. Mit zwei Händen und zwei Füßen. Ein kräftiges, munteres Büblein. Wir haben es photographieren lassen und das Bild in dem Kasten am Schultheißenamt ausgehängt, damit sich alle Unglückspropheten davon überzeugen konnten.

Herold einer neuen Zeit?

Ein rechtes Gemeindekreuz war der einstige Vorarbeiter Stern in den Wochen nach der Revolution geworden. Und seine Frau nicht minder. Er glaubte, die Stunde sei gekommen, russische Zustände in Deutschland zu verwirklichen und hielt in allen Wirtschaften die schönsten Reden über die kommende Zeit der Herrschaft des Proletariats. Nun würde die Idee eines absoluten Kommunismus endlich verwirklicht. Vorbei sei die Zeit der Unterdrückung des Arbeiters. Jetzt würden die Fabriken Gesamtgut der Allgemeinheit, an das ein jeder gleichen Anspruch hätte. Alle Produktionsmittel gehörten von nun an der Gesamtheit. Das Feld wäre nicht mehr dem Bauern, es gehörte der Gemeinschaft. Der Ertrag des Feldes würde von der Gemeinschaft geerntet und aufgebraucht.

Es fehlte zum guten Glück den Zuhörern der Glaube an die kommende neue Zeit. Die Bauern, vom großen bis zum kleinsten, bedankten sich für die Reform. Die Arbeiter sahen nur zu deutlich die Unmöglichkeit vor sich liegen, selbst mit den großen Werken etwas anzufangen. Handgreiflicher wurde es ihnen klar mit jedem Tag, daß jemand kommen mußte, der die Räder wieder ins Umdrehen brachte. Denn der Staat, auf welchen Stern seine Hoffnungen baute, der kam eben nicht. Die Regierung festigte sich von Tag zu Tag mehr, allen kleinen Putschversuchen zum Trotz. Es gelang den Kommunisten offenbar nicht, das Ruder in die Hand zu bekommen. So hielten sich die einen von der Sternschen Bewegung aus Überzeugung fern, die anderen aus Mutlosigkeit. Nur einige der jüngsten Schreier aus der bekannten Reihe derer, die noch vor Kriegsschluß einige Wochen eingezogen worden waren, hielten Stern die Stange. Es genügte nicht, um etwas zu erreichen, doch es genügte, ständig Unruhe zu stiften, Radau zu machen und die Ordnung zu stören.

Inzwischen versuchte Frau Stern die Frauen rebellisch zu machen, indem sie überall erzählte, daß der Paragraph 218 nunmehr aufgehoben werde, daß jede Frau das Recht erhalte, ein Kind beseitigen zu lassen, wenn sie es nicht austragen wolle. Das sei für die Zukunft ganz allein dem Willen der Mutter anheimgestellt. Sie habe das Recht, über ihren Körper zu verfügen.

In diesen Tagen hatte ich einen schweren Stand, die Sittengrundsätze zu verteidigen. Es kam manch einer nur zu gelegen, sich mit einer solchen neuen, bequemen Lehre aus der Patsche ziehen zu können. Denn es war mehr als *ein* Soldatenkind im Werden begriffen, mehr als *ein* Vater erhielt Familienzuwachs, der nicht von ihm gezeugt war. Waren so die Sitten schon vorher gelockert, so fehlte nicht viel, sie ganz zu zerstören.

Da war es, als ob Gott selbst mir helfen wollte. Wenigstens sahen es die Frauen so an. Ich habe den Gedanken nicht ausgesprochen. Es zeigte sich, daß Frau Stern selbst in anderen Umständen war. Sie machte gar kein Hehl daraus, sondern verkündete überall, daß sie nun ein Kind wolle. Der neuen Zeit wolle sie einen Bürger schenken. Einen ganz auserlesenen, hervorragenden Sproß, der das Werk des Vaters einst in der kommenden Generation zur Vollendung bringe, wenn die gegenwärtig lebenden Menschen zu dumpf und stumpf dazu wären.

Ja, einen neuen Bürger der neuen Zeit! Den kündigte auch der Vater Stern in allen Wirtschaften an. Zum Träger großer Ideen war er bestimmt. Zum Herold einer großen Epoche der Weltgeschichte.

«Nimm das Maul nicht so voll», sagte der Schultheiß. «Das Schicksal kann dir einen Streich spielen. Dann bist du blamiert.» Aber das änderte nichts. Man hatte für Stern das Pöstchen eines Wohnungsbeamten im Gemeinderat geschaffen. Nach dem bekannten Spruch: «Einem bösen Hund wirft man einen Knochen vor.» Viel trug das an Gehalt ja nicht ein, doch er fühlte sich ungeheuer wichtig und unentbehrlich.

Das Ehepaar Stern machte Anschaffungen für das kommende Kind, wie sie sich die reichsten Leute damals nicht leisteten. Wäsche in Hülle und Fülle mit Spitzen und Bändchen, Stubenkorb und Kinderwagen, alles stand bereit. Der große Tag kam heran. Die Wochenbettpflegerin wartete darauf, in Tätigkeit zu treten. Man sprach von einer Amme. Doch dagegen protestierte ich. So eine starke, gesunde Frau habe das Kind selbst zu stillen. Es liege nicht die geringste Veranlassung vor, das etwa nicht zu tun. Sie hielt mir die bekannten dummen Redensarten entgegen: Es verdirbt die Figur, man verliert seine Schönheit, wird häßlich und altert so früh, muß sich in acht nehmen mit Speise und Trank... Ist ein Kind nicht wert, daß eine Mutter solche Einschränkungen auf sich nimmt? Die ersten Einwände sind überhaupt gar nicht wahr! Ich habe Mütter mit sieben und mehr Kindern, die so jung und frisch aussehen wie kaum eine junge von heute!

Da kommt keine gegen mich auf. Das haben die Frauen gelernt in den ersten zehn Jahren meiner Tätigkeit, daß sie ihre Kinder stillen müssen. Es war ein harter Krieg. Als ich anfing im Beruf, waren es kaum noch zehn unter hundert, die diese Mutterpflicht erfüllten. Der alten Babett' war es gleich, die ließ jede tun und lassen, was sie wollte. Ich aber sagte, das gehört einfach dazu. Ich habe die Kleinen einfach angelegt. Natürlich muß die Hebamme viel mehr Zeit aufwenden, wenn sie das durchsetzen will. Das ist mir aber ganz gleich. Es gehört mit zu meiner Berufspflicht, für das Stillen der Kinder einzutreten, und so tu' ich es. Ich würde es auch ohnedies tun, weil es für das Kind so gut ist.

So stritten wir bei Sterns schon um das Stillen, ehe das Kind nur geboren war. So etwas ist zuweilen ganz unterhaltend, daß die Zeit schneller vergeht. Sonst ein vernünftiges Wort konnte man bei der ganzen seelischen Einstellung der Frau Stern ja doch nicht reden. Mir war nicht wohl zumute bei dieser Geburt. Ich hatte so das Gefühl, daß etwas kommt. Und solche Ahnungen täuschen nie. Wenn ich auch nicht sagen kann, was es sein soll oder wo es herkommt. Sicher weiß ich nur, daß etwas in der Luft liegt.

Frau Stern gebärdete sich fürchterlich. Es paßte gar nicht zu dem großen Mundstück, das sie sonst immer führte, wie sie nun winselte und heulte. Zum Steinerweichen. Wie sind doch rechte Mütter dagegen oft so tapfer, lächeln noch unter den größten Schmerzen dem Kind froh entgegen.

«Wenn ich das gewußt hätte, wenn ich eine Ahnung gehabt hätte, was man da durchmachen muß, das hätte ich mir aber nicht aufgeladen! Die Männer haben gut reden...»

«Das ist doch nicht so arg. Da muß man eben die Zähne ein wenig zusammenbeißen. Andere Mütter bekommen fünf und sechs Kinder und freuen sich immer, wenn wieder eines kommt. Nachher haben Sie das Kindlein – und dann ist alles vergessen, was vorher war...»

«Sie haben auch gut reden, gerade wie die Männer. Ihnen tut es auch nichts, im Gegenteil, es ist Ihr Brot. Aber das weiß ich gewiß, daß ich nicht noch einmal in diesen Zustand komme. Sobald der Schwindel vorbei ist, laß ich mich wieder sterilisieren.»

Da fuhr mir ein jähes Erschrecken in die Glieder. Ein Ahnen, woher das drohende Unheil kam. «Haben Sie das denn schon einmal getan?»

«Freilich. Glauben Sie, ich hätte die vier Kriegsjahre lang auf alles Vergnügen verzichten wollen? Die Männer draußen haben sich schadlos gehalten dafür, daß sie uns nicht hatten. Das sind nun einmal keine normalen Zeiten. Da kann man nicht den normalen Maßstab anlegen...»

«Und haben Sie nie gehört, daß das Bestrahlen einen schweren Schaden verursachen kann bei eventuell später kommenden Kindern?»

«Wieso denn?» Da war sie nun doch erschrocken.

«Weil diejenigen Eizellen, die noch sehr weit zurück sind in der Entwicklung und erst in späteren Jahren heranreifen, nicht zerstört werden durch die Einwirkung der Strahlen, aber doch mehr oder weniger stark geschädigt sein können. Das kann dann zu körperlicher und geistiger Mißbildung der Kinder führen.»

«Hören Sie auf – das ist ja schauerlich – wenn nun – nun...»

«Ich sagte ja nur: es kann. Nicht es wird. Für den einzelnen Fall können wir nichts voraussagen.»

Eine Stunde später war das Kind geboren. Selten hat mich ein Würmlein so erbarmt wie dieses. Ja, die Sünden der Eltern rächen sich... Klumpfüße, verkrüppelte Hände, ein ungeheurer Wasserkopf. Armer Träger der wundervollen neuen Zeit!

Die Mutter raufte sich die Haare, als sie es sah. Der Vater schrie und tobte. Verfluchte sein Geschick, das ihn verfolgte. Die Schwiegermutter heulte den ganzen Tag. Nur die Wochenpflegerin erbarmte sich über das arme Wesen. Ich beruhigte die Eltern, so gut es ging.

«Wenn das Kind abgestillt ist, bringen Sie es gleich in die orthopädische Heilanstalt. Füße und Hände kann man richten, daß man kaum noch etwas bemerkt von dem Schaden. Ich habe dort selber solche Kinder gesehen. Je eher Sie es machen lassen, je leichter und besser geht es.»

Daß ich befürchtete, die geistigen Fähigkeiten werden auch unter dem Durchschnitt sein, verschwieg ich. Wenn es so ist, tragen die Eltern es leichter, wenn sie allmählich zu der Einsicht kommen.

Andern Tages war die Kunde schon im ganzen Ort. Weiß Gott, wie alles unter die Leute kommt. Überall fragten die Frauen: «Lisbeth, ist es wirklich wahr ...?» Und wenn auch niemand es auszusprechen wagte, sie empfanden es doch alle, daß hier die Keimschädigung durch die Eltern sich so auswirkte am Kind. Das Volk hat einen Tastsinn für solche Zusammenhänge. In manchen Köpfen wurden die Gedanken wieder klar und rückten die sittlichen Begriffe wieder an die rechte Stelle.

Das arme Krüppelchen kam in Heilbehandlung. Man richtete die Füßlein zurecht, daß es gehen konnte, wie andere Kinder. Auch die Händlein wurden einigermaßen gebrauchsfähig. Dem armen Kopf aber konnte niemand geben, was ihm mangelte. Das Kind starb, ehe es zur Schule kam. Geschwister hat es keine bekommen.

Frau Gräfin

Frau Zimmerer kam mit ihrer siebzehnjährigen Tochter zu mir. Sie könne sich gar nicht denken, was das Mädchen habe. Es sei ihm oft gar nicht gut. Die Periode sei schon längere Zeit ausgeblieben. Auch werde sie viel stärker ... Aber ich solle nur ja nicht denken, daß eine Schwangerschaft in Frage komme. Das sei absolut ausgeschlossen. Es müsse etwas anderes sein. –

Von der absolut ausgeschlossenen Schwangerschaft war ich aber wirklich nicht überzeugt. Der ganze Ort wußte ja darum, daß einer der Internierten im Hause Zimmerer ein- und ausgegangen war und die letzten Monate zumeist auch die Nacht dort zugebracht hatte. Er sollte ein Graf sein. Tatsächlich verfügte er über sehr viel Geld und konnte sich daher allerhand leisten. Er ist auch jetzt noch nicht in seine Heimat zurückgekehrt, sondern wohnt in der Stadt im Hotel und kommt zuweilen mit einem Auto herausgefahren. Er warte auf Nachricht von seinem Vater, ob er in die Heimat kommen oder nach Paris übersiedeln solle, posaunte Frau Zimmerer im Ort herum. Sobald die Frage entschieden sei, werde er die Paula heiraten. «Nicht wahr, Sie wissen doch, daß der Graf meine Tochter heiratet? Und nun das Pech, daß das Mädchen nicht wohl ist... jetzt, wo jeden Tag die Ausreise kommen kann und das große Glück...»

«Frau Zimmerer, wenn Sie so sicher sind, daß keine Schwangerschaft vorliegt, dann müssen Sie mit dem Kind zum Arzt gehen. Dann kann ich Ihnen wirklich nichts raten.»

«Aber Sie können doch einmal nachsehen... vor dem Arzt geniert sich das Mädchen doch so...»

«Eingelassen hat sie sich aber entsprechend mit ihrem Grafen?»

«Da ist doch nichts dabei. Er heiratet sie ja. Er ist doch eine so gute Partie. Und die beiden sind eben jung und lebenslustig. Man hatte im Krieg ja ohnehin so vieles entbehren müssen... Gerade die Jugend. Da muß man ihr schon ein wenig die Freiheit lassen...»

«Da haben Sie den Mann ruhig bei Ihrer Tochter übernachten lassen? Und Ihr Mann? Was sagte denn der dazu?»

«Da ist doch nichts zu sagen. Natürlich steht er dem Glück seines einzigen Kindes nicht im Wege. Wir lassen ihm gern seine Freude. Sie heiraten ja und kommen dann doch zusammen.»

Es brauchte wirklich keine große Untersuchung. Der Tatbestand war sehr einfach und klar. Schwangerschaft im vierten oder fünften Monat.

«Es ist ganz ausgeschlossen!» riefen Mutter und Tochter zugleich. «Ganz ausgeschlossen!»

«So warten Sie eben noch weitere vier Monate ab – dann werden Sie ja den Beweis für die Richtigkeit meiner Behauptung erleben.»

«Das ist ganz ausgeschlossen! Ein Kind darf nicht kommen, unter keinen Umständen! Die Schande können wir nicht brauchen!...» ereiferte sich nun die Mutter.

«Nun sagen Sie aber bitte einmal, warum es nach Ihrer Ansicht ausgeschlossen sein soll, daß ein Kind kommt?»

Sie wurden verlegen. Man merkte ihnen deutlich das böse Gewissen an. Offenbar schämten sie sich in irgendeinem Winkel ihres Herzens doch noch ein wenig, wenn auch von Sittlichkeit und Schamgefühl bei der Lebensweisheit, welche die Mutter bisher zum besten gegeben hatte, wirklich nicht mehr viel zu entdecken war. Schließlich rückten sie damit heraus.

«Als mein Mann aus dem Feld kam, ist er eben auch so gescheit gewesen wie die anderen und hat gewußt, was man zu tun hat. Und dann haben wir unserer Tochter auch Bescheid gesagt...»

«Und ich habe immer danach gehandelt. Es ist also ganz ausgeschlossen...», fügte das Mädchen noch bei.

«Man muß doch sein Kind schützen, daß es nicht in Schande kommt. So dumm wie wir in die Welt gelaufen sind, soll meine Tochter nicht sein. Die soll einmal nicht hereinfallen und mir hintennach Vorwürfe machen ...»

Mir stand doch beinahe das Herz still. Wenn Eltern ihren eigenen Kindern im Jugendalter Verhütungsmittel in die Hand drücken, «daß ihnen nichts passiert» – was kann man von der Jugend dann noch erwarten ...?

«Empfanden Sie es wirklich nicht, Frau Zimmerer, daß Sie ein Verbrechen an Ihrem Kind begangen haben, indem Sie ihm diese Verhütungsmittel gaben? Daß Sie es damit geradezu herausgefordert haben, Unzucht zu treiben mit dem Internierten, statt daß Sie es davon abgehalten hätten! Da haben Sie Ihrem Kind jeden sittlichen Rückhalt gebrochen.»

«Wenn man sich heiratet! Mein Gott, wie Sie auch reden, da ist doch nichts dabei. Wenn man sich in acht nimmt, daß nichts passiert! Sie hätten wohl erwartet, daß ich einen solchen Freier abweisen soll? In der heutigen Zeit ... wo so viele Mädchen keinen Mann bekommen ... eine solche Partie! So kann wirklich nur eine Frau reden, die keine Kinder hat. Eine Mutter handelt nicht so an ihrem Kind.»

«Daß all die Mittel nicht unbedingt zuverlässig sind, haben Sie wohl nie sagen hören? Daß trotzdem eine Empfängnis stattfinden kann? Nun werden Sie sich wohl oder übel davon überzeugen müssen ...»

«Das ist ausgeschlossen! Die Schande kommt mir nicht ins Haus ...»

«Schande? Was ist hier Schande? Daß Ihre Tochter so gelebt hat, das ist allerdings Schande für alle Beteiligten. Aber daß nun ein Kind kommt, das ist nur die Folge Ihrer Handlungsweise. Nicht das Kind und seine Geburt ist die Schande, sondern die vorausgegangene Lebensführung. Das müssen Sie sich denn nun doch einmal klarmachen.»

Die Menschen haben merkwürdige Begriffe heute. Frau Zimmerer und ihre Tochter rüsten sich zum Gehen. Da wirft mir die Mutter recht bissig hin:

«Wir können doch das Kind nicht brauchen. Wie denken Sie sich denn das eigentlich ...?»

«Ich bin nicht verantwortlich dafür, daß es kommt, Frau Zimmerer. Wenn der Graf Ihre Tochter heiraten will, dann soll er dies eben gleich tun, damit das Kind ehelich geboren wird und einen rechten Namen hat.»

«Und mit einem Säugling nach Paris oder in seine Heimat reisen!»

«Wenn Sie das nicht wollen, behalten Sie das Kind hier bei sich in Pflege.»

«Nein mir kommt es nicht ins Haus. Daß alle Leute mit Fingern auf uns zeigen! Wo sie so schon so mißgünstig sind ...»

«Das hätten Sie sich eher überlegen müssen. Sie haben ja auch jetzt noch vier Monate Zeit, die Sache ins reine zu bringen mit dem Grafen, ehe das Kind geboren wird ...»

«Das wird überhaupt nicht geboren, daß Sie es nur wissen!» zischte die Alte nun außer sich vor Zorn. «Die Frau hat heute das Recht, über ihren Körper zu verfügen. Wir werden uns schon zu helfen wissen.»

«Sie verkennen denn doch die Sachlage. Ich bin verpflichtet, jede uneheliche Schwangerschaft dem Jugendamt anzuzeigen. Das werde ich heute noch tun, da das Leben des Kindes nach Ihren Ausführungen in Gefahr ist. Das weitere wird sich dann von selbst ergeben. Jedenfalls müssen Sie damit rechnen, daß Sie samt Ihrem Mann ins Zuchthaus kommen wegen Kuppelei, weil Sie den Verkehr des Grafen mit Ihrer Tochter in der Wohnung geduldet und gefördert haben. Also rate ich Ihnen dringend, nicht durch eine Abtreibung Ihre Lage noch zu verschlechtern.

Ich habe Sie daran zu erinnern, daß es sich um ein Menschenleben handelt, daß Gottes Gebot: ‚Du sollst nicht töten!' auch dem Ungeborenen Schutz gibt, daß Sie die Verantwortung für die Seele des Kindes haben – das ist bei Ihrer Einstellung ja doch ohne Wirkung.»

Als das Wort Zuchthaus fiel, da war es mit der stolzen Selbstsicherheit der Frau Zimmerer vorbei. Darum habe ich es gesagt. Man muß in Gottes Namen die Kanonen auffahren, die durchschlagen.

«Machen Sie doch keine solchen Geschichten, es ist doch wirklich nicht der Mühe wert ...»

«Mir ist es der Mühe wert, wo es um ein Menschenleben geht. Anzeigen muß ich die Schwangerschaft. Das ist Dienstvorschrift. Was weiter wird, haben Sie in der Hand.»

«Sie können ja meine Tochter vormerken ... wenn es denn sein muß ... wir tun es eben ins Säuglingsheim ...»

«Sie können auch zur Entbindung in eine Anstalt gehen. Die Kosten wird der Herr Graf ja aufbringen ...»

Kurz darauf war der Herr Graf spurlos verschwunden. Eine Wendung, die für jeden Menschen mit etwas Lebenserfahrung vorauszusehen war. Nun hatten sie zu der Schande auch noch den Spott. Man konnte die Eltern wirklich nicht bedauern. Bis auf den heutigen Tag heißt das Mädchen am Ort Frau Gräfin, und der kleine Heinz ist zum Erbgrafen geworden. Er ist ganz bescheiden daheim auf die Welt gekommen, als die gräfliche Geldquelle so plötzlich versiegte. Auf meine Gebühren warte ich noch heute. Ich glaube, das ist ihre Rache, weil ich sie quasi gezwungen habe, das Kind am Leben zu lassen. Doch es reut mich nicht.

Mutter und Tochter sind sich spinnefeind. Das Mädchen schiebt nun die ganze Schuld an seinem Elend den Eltern zu. «Hättet ihr den Kerl hinausgeworfen, statt mir das verdammte Zeug zu geben... das doch keinen Wert hatte! Damit hat das Elend angefangen. An demselben Tag, da ich das Mittel hatte, bin ich gefallen damit. Nachher hatte er mich in der Hand... Wenn die Männer uns das Letzte genommen haben, machen sie mit uns, was sie wollen.»

«Ihr seid schuld, ihr allein! Ihr hättet mich besser behüten, anders erziehen sollen...» Wie vielen Eltern klingt diese Anklage nach über das Grab hinaus – bis in die Ewigkeit hinein...

Warum habe ich keine Geschwister?

Totengräber bin ich nun – nicht mehr Hebamme. Es ist eine schreckliche Zeit über unser Volk gekommen. In diesen Monaten nach dem Krieg bis über die Inflationszeit hinaus hat sich die Abtreibungsseuche wie eine Pest in allen Kreisen des Volkes ausgebreitet, in Stadt und Land, bei arm und reich, alt und jung, bei Verheirateten und Ledigen. Fehlgeburten sind es zumeist, wenn ich nun gerufen werde. Normale Geburten sind zur Seltenheit geworden. Mit unglaublicher Gewissenlosigkeit gegen das werdende Leben wie gegen Leben und Gesundheit der Mutter, greift man zum Abort. Man sucht nicht mehr nach einem Arzt, der sich zu solchen Henkersdiensten hergibt, man geht nicht mehr zum heimlichen Abtreiber. Man hilft sich selbst. Der Mann tut es bei der Frau, der Bursche bei dem Mädchen, eine Freundin bei der anderen. Manche haben es in der Kunst so weit gebracht, daß sie den Eingriff bei sich selbst machen.

Mein Beruf freut mich nicht mehr. Mehr verbrecherische Fehlgeburten als normale Geburten. Da liegen die Mütter in den Kissen, scheinbar zufrieden, die Last wieder einmal los zu haben – keine Regung der Mutterliebe veranlaßt sie, nur mit einem Blick des Mitleids nach ihrem Kind zu sehen. Nicht einmal begraben lassen sie es. Man wirft die kleinen Leiber achtlos in die Abortgrube, in den Düngerhaufen, in den Bach. Wiederholt haben badende Kinder aus dem Bach solche Kindesleichen hervorgezogen. Seitdem das geschah, nehme ich die armen Kleinen mit und bringe sie dem Totengräber, daß er sie doch in einem Ecklein des Kirchhofs begraben kann. So bin ich in Wahrheit zum Totengräber geworden – wo ich doch berufen bin, neuem Leben zum Eintritt in diese Welt zu verhelfen.

Und viele der einst so gepriesenen deutschen Mütter sind zu erbärmlichen, feigen, herzlosen Kindsmörderinnen geworden. Wenn ein Gelehrter ein Buch geschrieben hat vom ‚Untergang des Abendlandes', so ist das sicher richtig. Das Abendland, das solchen Unsitten huldigt, wie so einem feigen Massenmord an wehrlosen Kindern, das muß untergehen.

Ich wollte mein Amt niederlegen, doch der Herr Pfarrer will nichts davon wissen. Er sagt, gerade jetzt müsse ich auf dem Posten bleiben für das Recht der Ungeborenen, für wahre Sittlichkeit. Gerade jetzt könnte die Hebamme noch mehr leisten als in früheren Zeiten, wo die Begriffe nicht so verwirrt waren. Jetzt müsse man die Schwankenden halten, die Irrenden zurückführen, die Bedrohten stützen und den wahren, echten Müttern, die es doch auch noch gibt, helfen, daß sie treu bleiben.

Der Schreiner Walz aus unserem Ort ist ein ganz unleidlicher Gesell. Wo er mir begegnet, versucht er etwas anzubringen. So auch vor einiger Zeit wieder, als ich zu einer Geburt ging. Er stand mit einigen seiner Gesinnungsgenossen vor dem Rathaus, rief, als ich vorbeiging: «Die muß nun auch bald stempeln gehen! Die Weiber lassen sich nicht länger zur Gebärmaschine machen!» Eines Tages werde ich zu Frau Walz gerufen. Natürlich Fehlgeburt. Das hatte ich gar nicht anders erwartet. Es war nicht die erste – aber die letzte. Teils im Fieber, teils in der Enttäuschung und Erbitterung ihrer Seele redet sie allerhand über ihr Eheleben, das wahrlich nicht so aussieht, als führte die vom Gebärzwang befreite Frau ein glückliches Dasein.

Und das sechzehnjährige Töchterlein, ein merkwürdig stilles, liebes Kind, sitzt am Bett der Mutter, geht ab und zu in die Stube, hört die Dinge mit an. Die Nachbarinnen ratschen und tratschen, nehmen sich gar nicht mehr in acht vor dem Mädchen. Die Gretel weiß mehr, als man glaubt. Und was sie nicht weiß, das reimt sie sich zusammen. Nach dem Tod der Mutter findet sie in hinterlassenen Briefen die Bestätigung dafür, daß sie selbst auch nur ein ungewolltes Zufallskind ist, das trotz Verhütungsmitteln kam, trotz verschiedener guter Ratschläge zur Beseitigung wuchs und sich durchrang.

Frau Walz ist gestorben, ohne zum klaren Bewußtsein gekommen zu sein. Als das Begräbnis vorüber war, kam das Mädchen zu mir. «Lisbeth, die Hebammen sind doch untereinander bekannt. Könnten Sie mir nicht eine Stelle verschaffen – und wenn es als Dienstmädchen sein muß, in einem ordentlichen Haus. Nur daß ich von hier fortkomme...»
«Willst du den Vater allein lassen?» Ich wußte nicht, was das Kind alles erfahren hatte.

«Warum sollte ich nicht? Wäre es nach seinem Willen gegangen, so wäre ich ja nicht auf der Welt... wie das Brüderlein vor drei Tagen. Warum bin ich allein? Warum habe ich keine Geschwister? Warum ist die Mutter gestorben? Sie wissen es ganz gut, und ich weiß es auch. Ich kann nicht hier in dem Haus bleiben. Wenn ich das Bild der Mutter sehe, muß ich denken, deine Mutter ist eine Mörderin, nur durch einen Zufall bist du ihrer Hand entschlüpft, deine Geschwister hat sie gemordet. Und wenn ich den Vater sehe, ist mir, als stellte er mir heute noch nach, mich aus dem Weg zu räumen, wie er es vor meiner Geburt getan hat...»

«Kind Gottes, wie kannst du denn das wissen?»

«Die Briefe liegen ja noch zu Hause, die er Mutter geschrieben hat. Ich habe sie gestern abend gelesen. Was für gute Ratschläge stehen darin, mich loszuwerden, ehe ich geboren wurde!»

«Vielleicht hat die Mutter die gar nicht beachtet.»

«Doch, doch. ‚Nachdem das eine nicht geholfen hat', schreibt er einmal. ‚Wenn das wieder nicht hilft', heißt es ein andermal. ‚Nachdem selbst die Einspritzung umsonst war', heißt es dann wieder. Nein, in dem Hause kann ich nicht bleiben. Hilf mir fort von diesen Menschen ...die mich töten wollten...die meine Geschwister ermordet haben...»

Ich ging zu Walz und brachte das Anliegen seiner Tochter vor. Es sei gut für das Mädchen, ein wenig aus dem Ort zu kommen, in andere Umgebung nach den Aufregungen der letzten Tage. Er wies mich barsch ab. Nachdem die Frau gestorben sei, brauche er das Mädchen im Haus. Ich versuchte es mit allen Mitteln. Umsonst. Er brauche das Frauenzimmer im Haus. Es sei alt genug dazu. Warum er das Kind denn sonst aufgezogen habe? Er sei der Vater und habe zu bestimmen...

Da war guter Rat teuer. Eine Handhabe, dem Vater die elterliche Gewalt zu entziehen, war nach dem Gesetz nicht gegeben. Das Kind hatte es scheinbar ganz gut. Auf solche seelischen Konflikte ist die Gesetzgebung nicht eingestellt, wird es wohl auch nie sein können. Es blieb mir nichts anderes übrig, als dem Mädchen zuzureden, zu Hause zu bleiben, solange der Vater ordentlich zu ihm sei.

Sie sah es ein, daß wir nichts ausrichten konnten. Auch ein Fluchtversuch war aussichtslos, da man sie wieder ins elterliche Haus zurückgebracht hätte. Das Verhältnis zwischen Vater und Tochter hätte sich nur verschlimmert. Dabei erging es mir aber genauso wie dem Kind: Ich wurde das Gefühl nicht los, daß eine Gefahr lauerte.

Nach drei Wochen schrillt am späten Abend die Hausglocke. Ich war schon im Bett. Also schnell heraus. Fenster auf: «Wer ist unten?»

«Lisbeth, geschwind, macht mir auf, ehe der Vater kommt, schnell, schnell ...»

Die Gretel. Schon bin ich unten, schiebe den Riegel zurück und lasse sie ein. Ein flüchtiger Blick die Straße hinauf und hinunter, niemand hat es gesehen. Da lösche ich auch noch das Licht, dessen heller Schein auf die Straße fällt, und geleite das zitternde Kind die Stiege hinauf in die Stube. Was sie mir nun erzählte, kam mir leider gar nicht überraschend. Es war so, als hätte man es erwartet. Der Vater hatte sie – da er angeheitert heimkam – zwingen wollen, mit ihm zu Bett zu gehen. Darauf war das Mädchen im Hochparterre aus dem Fenster gesprungen und zu mir geflüchtet.

«Aber ich gehe nicht mehr heim, unter keinen Umständen.»

«Am kommenden Morgen ließ ich Gretel mit dem ersten Zug in die Landeshauptstadt fahren zu einer Kollegin und zeigte die Sache dem Jugendamt an. Jetzt war es dem Vormundschaftsgericht möglich, einzugreifen. Ein Onkel erbot sich, die Vormundschaft zu übernehmen, nachdem Walz die elterliche Gewalt entzogen worden war. Und dieser Onkel war ein rechter Mann, der das Mädchen in eine gute Schule schickte und ihm eine richtige Berufsausbildung als Sozialbeamtin zuteil werden lies. Gretel ist ein prächtiges Menschenkind. Sie schrieb mir erst gestern wieder in einem langen Brief, ich müsse noch so lange im Amt bleiben, bis sie fertig sei. Sie wolle Hebamme werden, um einmal als meine Nachfolgerin an anderen Müttern und anderen Kindern gutmachen zu können, was ihre Eltern an den eigenen Kindern verfehlt hätten.

Freude bereiten macht glücklich

Ringbachs lagen mir nun schon seit acht Tagen schwer im Magen. Diese zwei unglaublichen Egoisten, denen einesteils der Lebensmut völlig abgeht, während andererseits eine unglaubliche Einbildung immer noch Ansprüche an die ganze Welt stellt, nur nicht an sich selbst, ja, die können die zwei Kinder wirklich nicht brauchen. Seit einer Woche bemühte ich mich darum, die Kleinen unterzubringen, leider umsonst. Was ich erreichen könnte, zerschellt an dem hochtrabenden Eigensinn. Die Bäuerin vom Berghof wollte den kleinen Buben übernehmen, aber sie wünschte, daß die Mutter auf etwa ein Jahr bei dem Kind bleibe, um es zu stillen und zu versorgen. Sie hat nie ein eigenes Kind gehabt und kennt sich nicht aus mit so ganz kleinen Kindern. «Wenn sie mal krabbeln, dann will ich schon mit fertig werden, Lisbeth. Ihr wißt ja selbst, bei uns kann alles piepsen und laufen, wenn wir es in die Hand bekommen. Die Mutter soll über die Zeit im Haushalt mithelfen.»

«Ich? Kuhmagd werden? Im Dreck herumwühlen, nein, das können Sie von mir nicht verlangen», erklärte Frau Ringbach gleich entschlossen. Natürlich hatte die Bäuerin erwartet, daß die Mutter hochbeglückt am erstmöglichen Tag sich bei ihr einfinden würde, stand doch dem Kind nicht nur ein gutes Elternhaus offen, in der Ferne winkte das Erbrecht auf den schönen Hof. Ich dachte auch, wenn eine Mutter ihr Kind wirklich nicht behalten kann, greift sie zu mit beiden Händen, und konnte es gar nicht glauben, daß dies wirklich ihre Einstellung bleibt. Es war wohl etwas überraschend gekommen, und ich zögerte von Tag zu Tag, die Antwort weiterzugeben. Aber es sprach sich doch herum, und wo ich noch anklopfte, auch für das bald zweijährige Mädchen, da hieß es: «Lisbeth, verbrennt Euch die Finger nicht. Wenn der Gesellschaft der Berghof nicht gut genug ist, können doch wir nicht in Frage kommen. Eine rechte Mutter würde bis zu ihrem Lebensende Magd sein, um dem Kind eine solche Heimat zu sichern.»

Als ich am zehnten Tag nach der Geburt zu Ringbachs kam, war die Frau über Nacht abgereist, ohne eine Adresse zu hinterlassen. Der Mann hatte sich mit einem Bekannten getroffen, und als er nach Hause kam, war sie weg. Zwei weinende Kindlein blieben sich selbst überlassen, kein Tropfen Milch war im Haus, einfach nichts. Frau Birk nahm sich barmherzig der kleinen Verlassenen an. Die Mutter kam nicht mehr zurück.

Mit dieser Handlungsweise war auch die letzte Hoffnung vernichtet. «Den Bub von einem solchen Rabenaas nehm ich nicht», sagte die Bergbäuerin, «wer weiß, was in dem drin steckt. Erst kürzlich hat es in der Zeitung gestanden, daß so ein Ziehkind seine alte Pflegemutter ermordet hat, um schneller zu seinem bißchen Geld zu kommen.»

«Je nun, es hat auch schon manches Mal ein Sohn seinen Vater umgebracht, gar so vorsichtig müssen wir schließlich auch nicht sein», versuchte ich zu begütigen. Aber es nützt nichts mehr. Der letzte Rest von Sympathie ist durch das Verhalten der Mutter zerstört. Was soll mit dem armen Würmchen geschehen? Es geht nicht an, Frau Birk länger zu belasten. Ich trage ihr reichlich zu, was die Kleinen brauchen. Aber die Zeit kann ich ihr nicht ersetzen, und das ist nicht wenig. So ein Neugeborenes, das plötzlich von der Mutter wegkommt, verlangt ja gar vorsichtige Pflege und Wartung. Mit stiller Selbstverständlichkeit hat Frau Birk die Kinder zu sich genommen, obwohl sie die ihren kaum durchzubringen weiß. Und der Vater hat nicht ein einziges Mal nach ihnen gefragt. Für ihn sind die Kinder einfach nicht mehr vorhanden.

Mit einer Patenschaft ist hier nicht geholfen, denn die verstossenen Vögelchen brauchen ein warmes Nest.

Auf dem Weg zur Kirche begegnet mir anderntags der junge Vikar, des Stationsvorstehers Sohn. Und nach der frohen Begrüßung sagte er:

«Schön, daß ich Sie treffe, Frau Burger. Sie müssen unbedingt meiner Schwester ein paar Kinder besorgen. Sie ist mit dem einen kleinen Mädchen gar nicht zufrieden, aber mein Schwager wird nicht mehr Vater sein können. Er hat einen bösen Kriegsschaden, Sie verstehen, nicht wahr?»

«Das tut mir aber leid für Josefinchen. Sie wollte doch unbedingt mindestens sechs um den Tisch sitzen haben.»

«Ja, dazu müssen Sie ihr nun verhelfen, hat Schwager Paul gestern gesagt. Er will es sich gerne etwas kosten lassen. Aber es sollen gesunde, voraussichtlich normal gut veranlagte Kinder sein, aus denen sich was Rechtes entwickeln kann.»

«Sie schickt mir der liebe Gott», sagte ich froh. «Seit einer Woche suche ich ein warmes Nestlein für zwei Kleine, Bruder und Schwester, zwei Jahre das eine, zwei Wochen das andere. Und es will mir nicht gelingen. Jeder hat Angst vor der unsicheren, düsteren Zukunft und vor einer etwaigen unguten Belastung.»

«Stammen die Kinder aus so unguten Verhältnissen?»

Da ich kurz berichtete, sagte er: «Also reinrassige Egoisten, ohne jedes Verantwortungsbewußtsein. Das ist keine Erbanlage, sondern fremde und eigene Schuld. Wir können mit Gott zusammen aus jedem Holz Heilige und Lumpen schnitzen. Und die Zukunft? Man darf nicht zuviel sorgen wollen. Unser Gott ist auch noch da. Hat er nicht gesagt: Wer ein Kleines in meinem Namen aufnimmt, der nimmt mich auf. Ein Haus, in dem der Herr selbst wohnt, steht fest und kann nicht zugrunde gehen.»

«Wenn wir diesen Glauben der Welt wieder geben könnten...»

«Also, wir schaukeln das Kind...» Grüßend verschwand er in der Sakristei.

Was soll ich noch erzählen? Daß die zwei Kleinen durch Elternliebe und Elternsorge tüchtige Menschen wurden? Daß noch zwei verlassene Büblein dazukamen? Daß von den beiden Ringbachs keines je nach seinen Kindern fragte? Ich weiß nicht, was aus ihnen geworden ist. Ja, etwas will ich berichten.

Josefinchens Ehe hat nicht den geringsten Riß bekommen; denn was sie einander an ehelicher Liebe nicht mehr schenken konnten, ersetzten sie voll und ganz an seelischer Zärtlichkeit und herzlicher Zuneigung. Josefines reiche Mütterlichkeit konnte sich richtig verströmen über ihre fünf Kinder, indes der Direktor mit Vaterliebe und treuer Mitsorge ihr stets zur Seite stand. Es gab keinen Leerlauf in dieser Ehe, keine müßigen Stunden zum nutzlosen Grübeln und Sinnieren. Beide sahen und erlebten es stets aufs neue, wie das andere sich aufmerksam bemühte, ihm Freude zu machen und das Leben mit Liebe zu verschönern. So wuchsen die Herzen immer fester zusammen.

Auch Frau Birk hatte mit dem Rezept, immer darauf zu achten, dem anderen Freude zu machen, ihre Ehe neu zusammengefügt, fester als je zuvor. Zuerst stutzte der Mann und ließ es sich gefallen, dann fing er langsam und tastend an, selbst die ersten Schritte auf diesem Weg zu versuchen... und bald wurde ihm seine Familie wichtiger als die Musik zum Tanz. Dazu ist er nur noch selten zu haben, wenn es sich machen läßt, daß Mutter mitgeht und auch einen Spaß hat.

Sich gegenseitig eifrig Freude zu machen, ist viel zweckmäßiger als alles Predigen und den anderen erziehen und bessern zu wollen.

Eheglück – Ehekrise

Bei der herrschenden Wohnungsnot habe ich mich entschlossen, ein Stück von meinem kleinen Haus abzutreten. Es bedrückt mich, mehr Platz zu haben, als ich eigentlich brauche, während andere kein Nest zu finden wissen für ihre Familie. Im Erdgeschoß haben wir zwei Zimmer ausgeräumt und die Gerümpelkammer zur Notküche umgebaut, mit Wasser, Ausguß und Kochgelegenheit. Ich finde, es gehört ganz notwendig zum richtigen Bestand einer Familie, daß sie ihre Koch- und Wohnecke für sich hat, in die ihr niemand hineinschaut.

Die Wohnung ist bereits einem Ehepaar zugewiesen. Wenn es rechte Leute sind und wenn Kinderlein kommen, dann will ich ihnen gern noch beide Dachkammern nach und nach überlassen. Wir zwei Alten können uns schon bescheiden.

Bald hielt das Ehepaar Bumiller seinen Einzug. Mittags um zwölf Uhr kamen sie in großer Toilette die Treppe hinauf und stellten sich vor. Sie wollten offenbar zeigen, daß sie wußten, was sich gehört. Mir kam es ja spassig vor, daß sie sich in den neuen Plüschmantel stürzte und er in den Zylinder, um die Stiege heraufzusteigen. Nun, es ist ein kleines, was Kinder freut...

«Hoffentlich gewöhnen Sie sich gut ein», sagte ich zu der jungen Frau. «Jedenfalls ist es sehr schön still und ruhig bei uns...»

«Wir werden daran kaum etwas ändern. Mein Mann ist ja an der Bahn, und ich bleibe im Beruf. Mittags essen wir in der Kantine – oder vielleicht auch anderswo. Und am Abend ist man nicht so oft zu Hause. Hier ist ja nichts los, ein trauriges Nest. Da muß man sich ein Abonnement auf der Bahn leisten, um nach Z. zu fahren, daß man auch einmal ein Theater, Kino und Konzert oder Café besuchen kann.»

«So, Sie wollen weiter ins Büro gehen? Ich dachte mir, eine Frau freut sich darauf, aus so einem seelenlosen Betrieb herauszukommen – sich ihr Nestlein zu bauen ...»

«Ich will vor allem meine persönliche Freiheit bewahren, meine Selbständigkeit. Es ist doch schrecklich, immer dem Mann auf der Tasche liegen zu müssen ...»

«Warum haben Sie denn geheiratet? Da wäre ich ledig geblieben. Denn mit der Eheschließung haben Sie Ihre Selbständigkeit doch zu neunzig Prozent verloren ...»

«Wir probieren es eben einmal miteinander ...»

«Mir will scheinen, das Probieren ist beim Heiraten nicht so einfach. Das ist doch eine Lebensgemeinschaft ...»

«Ist das nicht ein sehr veralteter Begriff? Lebensgemeinschaft? Wer will sagen, ob ihm morgen die Gemeinschaft noch gefällt? Ob sie ihm morgen noch zusagt zur Befriedigung seiner sexuellen Wünsche? Menschen ändern doch ihre Ansichten ...»

«Und wenn einmal Kinder kommen ...»

«Das ist selbstverständlich ausgeschlossen. Damit können wir uns nicht abgeben. Solange wir jung sind, wollen wir etwas haben von unserem Leben und können solche Belastungen nicht brauchen. Vielleicht in zehn Jahren ...»

Am nächsten Tag habe ich den Schultheiß gebeten, die Sache zu ändern und mir einen anderen Mieter zu schicken. Ich hatte ausdrücklich angegeben, daß ich eine Familie mit Kindern wolle. «O Lisbeth, seid Ihr eine altmodische Frau!» sagte der Schultheiß. «Seid doch froh, daß Ihr keinen Kinderspektakel im Haus habt. Andere wehren sich mit Händen und Füßen dagegen ...»

«Das sollen andere machen, wie sie es verantworten können. Eheleute, die noch Kinder aufziehen wollen, finden bald keine Wohnung mehr und werden gezwungen, Lumpereien anzufangen. Ich will nicht mit schuld daran sein. Lieber Kindergeschrei im Haus – als die Verantwortung auf dem Gewissen, daß andere unsittlich leben müssen der Wohnung wegen.»

Der Schultheiß rief den Herrn Vorsteher des Wohnungsamtes, wie Stern sich nannte. «Ei, der kann geholfen werden», sagte er und grinste wie ein Satan. «Die Herrmann läuft mir das Haus ein, daß sie ihren Mieter los wird, weil bald das vierte Kind kommt. Da können die ja tauschen ...»

Bei Herrmanns wohnen nette Leute. Wo noch Kinder ankommen, weiß die Hebamme Bescheid, wie es aussieht. So bin ich mit dem Tausch einverstanden. Doch meine Mieter wehren sich, und es wird nicht so schnell gehen...

Die Harmonie im Erdgeschoß war von kurzer Dauer. Bald war sein Gehalt zu klein und das ihre nicht groß genug, um ein solches Leben auf die Dauer zu führen. Jeden Mittag im Restaurant, jeden Abend fast in der Stadt. – Es kamen Zeiten, wo bald das eine, bald das andere, bald beide zu Hause bleiben mußten. Sie führten getrennte Kassen. Wenn sie leer waren, wurde es ungemütlich. Dann machten sie abwechselnd Reformvorschläge, bis wieder Zahltag war. Hernach blieb es beim alten. Gar bald aber drangen sonderbare Geräusche aus dem Erdgeschoß zu uns herauf. Als ob mit der Faust auf den Tisch geschlagen, die Türen zugeschmettert, Geschirr zusammengeworfen würde. Bald brüllte eine männliche Donnerstimme: «Wenn du nun nicht willst wie ich, lasse ich mich scheiden! Das habe ich satt, am Hungertuche zu nagen...»

Bald krähte ein heller Sopran: «Ich lasse mich nicht tyrannisieren! Ich habe es satt, deine Launen zu ertragen! Wer hat für das Geld zu sorgen in der Ehe, der Mann oder die Frau?...»

«Wer hat den Haushalt zu führen und für das Essen zu sorgen, was?»

«So gehen wir eben wieder auseinander...»

Da unten gab es keine Rücksicht aufeinander, kein Nachgeben und Sicheinfügen in die Verhältnisse, kein gütiges Sichanpassen an den Charakter des anderen, kein liebes Mittragen seiner Schwächen. Sowohl der Mann als auch die Frau kannten nichts anderes als rücksichtsloses Fordern, Sichbehaupten um jeden Preis. Einer sah in dem anderen nur die notwendige sexuelle Ergänzung, sonst nichts. Und es geht nicht lange, so ist ihnen auch ihre körperliche Gemeinschaft zum Überdruß und Ekel geworden. Eigentlich muß das so kommen, wenn kein höherer Sinn und Zweck dahintersteht als eben nur die Lustbefriedigung. Nicht selten werden sich die Menschen nicht einmal klar darüber, wo eigentlich die Wurzel des Übels liegt – wo die Zerrüttung, das Sichauseinanderleben begonnen hat...

«Wir haben uns auseinandergelebt und lassen uns scheiden...» Meine Mieterin sagt es, noch ehe sie bei mir ausziehen. «Das Gesetz muß geändert werden, so daß eine Ehescheidung mit gegenseitiger Einwilligung möglich ist. Nun müssen wir einen Prozeß anfangen.»

Es gibt viele unglückliche Ehen heute. Der Ruf wird immer lauter, daß die Möglichkeit einer Ehescheidung darum erleichtert werden soll. Wird in Wirklichkeit so geholfen werden? Es sind sicher nicht alle so leicht veranlagt wie meine Mieter. Es werden nicht alle den

Scheidungsgrund so gewissenlos sich verschaffen. Es werden manche eine zerrüttete Gemeinschaft aufrecht erhalten, weil sie sich scheuen, zu solchen erbärmlichen Mitteln einer Lösung zu greifen.
Werden sich aber, mit dem Blick auf das Ganze gesehen, die Bande nicht noch mehr lockern, wenn man der Ehe ihren Charakter der lebenslangen Gemeinschaft grundsätzlich nimmt? Werden dann nicht noch mehr «es probieren miteinander» – mit dem Hauptgedanken: Wir lassen uns eben wieder scheiden, wenn es uns nicht behagt? Wird dann die Rücksichtslosigkeit, der Egoismus nicht noch größer werden? Oder wird die Frau nicht aus lauter Angst, den Mann wieder zu verlieren, in ein ganz unwürdiges Sklaventum ihm gegenüber zurücksinken? Wir Frauen dürfen nicht vergessen, daß die stärkere Bindung immer auf unserer Seite sein und bleiben wird.

Mir will scheinen, wir wollen auch da am falschen Ende reformieren. Wir beschneiden die Spitzen des kranken Baumes, statt die Wurzel zu heilen. Sollten wir nicht vielmehr der Ehe wieder eine größere Hochachtung, eine tiefere Wertschätzung zu verschaffen suchen? In den Menschen ein höheres Verantwortungsbewußtsein wecken, sie davon überzeugen, daß nur ein naturgemäßes Leben in der Ehe ein dauerndes Glück bringen kann, daß eine rechte Reinheit vor der Ehe dazu gehört, damit eine ungetrübte Hochachtung voreinander besteht, aus der allein eine wahre, tiefe Zärtlichkeit und liebe Rücksicht hervorgehen kann?

Wir dürfen nicht sagen: Wir müssen das Ideal heruntersetzen, weil die Menschen sich nicht mehr darum anstrengen wollen... Wir müssen es wagen, den Menschen zu sagen: «Laßt die Hände weg von der Ehe, wenn ihr das Ideal nicht erfassen und mit aller Kraft verwirklichen wollt.»

Ich habe viele zerrüttete Ehen gesehen. Darum glaube ich, daß wir mit einer Ehereform nichts erreichen, wenn wir nicht an der Wurzel anpacken und zunächst andere Voraussetzungen zur Eheschließung schaffen, eine andere Einstellung der Menschen zur Ehe. Sie müssen es wieder lernen, den ganzen tiefen Sinn einer dauernden Lebensgemeinschaft zu erfassen und ihr Leben danach zu gestalten.

Max, sei vernünftig

«Lisbeth, ihr sollt schnell einmal zur Frau Keller kommen. Das Mäxle ist krank, und der Doktor ist nicht daheim...», kommt ein Schulkind gelaufen am Mittag um ein Uhr. Es ist immer noch so: ist der Arzt nicht da, dann ruft man die Hebamme. Eigentlich ist das sehr nett, daß die Leute soviel Vertrauen zu mir haben, obwohl ich ihnen doch recht deutlich die Wahrheit sage und gar nicht immer ihrer Ansicht bin.

Das Mäxle ist eine Nummer für sich. Das einzige Büblein des Eisenhändlers. Es ist nun bald vier Jahre alt. Heute hat es ein wenig Fieber: Halsweh. Die Eltern sind ganz aufgelöst vor Angst: sicher Diphtherie. Sie haben schon alle medizinischen Hausbücher aufgeschlagen, drei verschiedene, sehr dicke Bände, und finden sich doch nicht zurecht. Diese Bücher sind auch so eine Sache. Die machen mehr Menschen krank als gesund. Wenn da die Anzeichen einer Krankheit so schön beschrieben sind, finden alle Leser, daß heute dieses und morgen jenes genau auf sie paßt.

Bis man es fertig brachte, dem Mäxle in den Hals zu sehen – das war schon ein Hexenwerk. Dann konnte ich feststellen, daß es ein wenig Mandelentzündung hatte, riet zu nassen Umschlägen und Bettruhe, zum Gurgeln mit Salbeitee...

«Gurgeln kann doch so ein kleines Kind noch nicht, das ist doch viel zu schwierig...», wehrte sich die Mutter für das Mäxle.

«Meine kleinen Nichten und Neffen haben es mit drei Jahren schon gut gekonnt. Es macht den Kindern doch Spaß, wenn man so was mit ihnen übt, und dann können sie es im Ernstfall.»

«Am hellen Tag liegt unser Kind nicht im Bett», sagte nun auch der Vater. «Wir betten es auf das Sofa in die warme Stube...»

Also macht man dem Mäxle einen nassen Wickel und legt es mit Schuhen und Strümpfen auf das Sofa. Und so oft die Mutter zur Tür hinausgeht, springt das Mäxle hintendrein. In die kalte Küche, in den Stall zu den Hühnern, auf den Speicher, hinaus in den Schnee, als sie zum Einholen geht. Der Vater aber steht händeringend neben der Stubentür:

«Mäxle, nun bleib' doch da! ... Mäxle, nun nimm doch Vernunft an... Mäxle, sei doch nicht so gewalttätig... Mäxle, so wirst du nicht gesund...»

So traf ich die Familie wieder, als ich am Abend nachsehen wollte. «Sehen Sie, das ist die neue Zeit. Die steckt schon in den Kindern heute. Was soll man da machen...»

Binnen zwei Minuten hab' ich das Mäxle im Bett gehabt. Das ging so überraschend, daß es vor Staunen das Brüllen vergaß, obwohl es dies sehr gut konnte. Es schnaufte nur einmal tief auf und gab sich zufrieden.

«Man sieht, daß Sie kein Kind gehabt haben, sonst könnten Sie nicht so sein...», sagte die Frau Keller gekränkt, obwohl ich dem Mäxle gar nichts zu leid getan hatte. Es merkte nur eben an der ganz bestimmten Art, wieviel Uhr es war.

«Nein, Frau Keller, man sieht, daß Sie nur eines haben. Wären es ihrer drei oder vier, so würden Sie schon vernünftiger zupacken. Aber so schaut man in das eine hinein, als ob es ein halber Herrgott wäre – bis es zu spät ist. Lassen Sie sich einmal erzählen von den älteren Leuten hier am Ort, wie es dem Metzger Herrmann ergangen ist mit seinem grenzenlos verzogenen einzigen Sohn.»

«Ein Kind ist genug für unsere Verhältnisse. So kann man es wenigstens recht erziehen. Ihm alle Wege frei halten für die Zukunft. Wo heute einige Kinder sind – wenigstens in unserer Lage, da müssen sie immer soviel entbehren, sich so einschränken...»

«Das tut den Kindern gut, wenn sie lernen, Rücksicht aufeinander zu nehmen, sich gegenseitig zu helfen. Daß die größeren sich daran gewöhnen, die Kleinen zu betreuen. Daß sie begreifen lernen müssen, daß nicht die ganze Welt für sie da ist, sondern daß die anderen gerade soviel Platz unter der Sonne haben wie sie selbst. Kinder können sich auch viel besser unter sich unterhalten, ein Kind kann viel netter mit einem Kind spielen als mit einem Erwachsenen. Vom Standpunkt des Kindes aus gesehen, ist es viel besser, mit Geschwistern aufzuwachsen, als allein zu sein.»

«Das ganze Jahr mit geflickten Hosen herumzulaufen, wie wir acht Geschwister einmal... schon in der Kinderstube mit dem Ernst des Lebens in Berührung kommen... ich danke, dazu ist mir mein Mäxle viel zu lieb.»

«Glauben Sie, daß der Ernst des Lebens ihm erspart bleibt? Daß es nicht viel besser ist, ein Kind gewöhnt sich von klein auf daran, mit Schwierigkeiten fertig zu werden, auf Wünsche zu verzichten. Es ist ganz falsch, so einem kleinen Mann alle Steinchen aus dem Weg räumen zu wollen. Er soll vielmehr lernen, darüber hinwegzuspringen. Sie müssen doch das Kind für das Leben erziehen – nicht für eine ewig dauernde Kinderstube am Rockzipfel der Mutter.»

«Wenn es später anders wird, dann kommt es immer noch früh genug. Was an uns liegt, soll das Kind nichts entbehren. Es müßte ja auch die Liebe der Eltern teilen, wenn es Geschwister hätte.» «Halten Sie sich seelisch für so arm, daß Sie ein Kind weniger liebhätten, wenn es Geschwister hätte? Mit der Elternliebe ist es doch nicht wie mit der Wurst, die sich naturnotwendig in Brocken verteilt, wenn einige Anspruch darauf erheben. Das hat der alte Korbmacher richtiger erfaßt, der sagte: Je mehr es sind, je lieber hat man sie. Um so weniger möchte man eines hergeben.»

«Unser Mäxle ist halt unser ein und alles. Da soll es auch bei dem einen bleiben, nicht wahr, Mann?»

«Es ist schon was Wahres an dem, was die Lisbeth sagt. Aber für unsere Verhältnisse genügt das eine. Wenn das nichts entbehren muß, wird es qualitativ schon ersetzen, was vielleicht Geschwister quantitativ mehr bedeutet hätten.»

Als das Mäxle das erste Jahr in die Schule ging, ist eine böse Scharlach-Epidemie ausgebrochen. Die Schule wurde geschlossen, alle Vorsichtsmaßnahmen getroffen. Wer aber nicht zu Hause blieb, sondern aus lauter Übermut und Naseweisheit zu den kranken Kameraden heimlich hinlief, das war Kellers Mäxle. Er wollte wissen, was da so Schlimmes dabei sei, daß man nicht hin sollte. Kletterte auf die Betten und besah sich die Kameraden sehr genau von allen Seiten.

«Mäxle, sei lieb und bleibe bei der Mutter», hatte die Frau Keller gesagt. «Ich mag nicht. Es ist mir zu langweilig!» rief Mäxle. «Ich will auf die Gasse zu dem Peter und dem Hans...», schon war er fort. Am Abend erschraken die Eltern nicht wenig, als er triumphierend berichtete, wo er sich herumgetrieben.

«Es ist auch gar nicht arg. Sie haben ja nur rote Flecken...» Nachdem der Bub einmal in der Schule mit Kindern zusammengekommen war, behagte ihm das Alleinsein zu Hause gar nicht mehr. Er wollte herrschen, befehlen, tyrannisieren, seinen Übermut doch irgendwo auslassen. Der Karo war es müde geworden und biß nach ihm. Die Katze fauchte und kratzte, wenn er sich in ihre Nähe wagte. Zwei Tage später lag das Mäxle selbst mit Scharlach im Bett. Und das verwöhnte, verweichlichte Büblein überstand die Krise nicht. Schon in der zweiten Woche haben wir es begraben. Eines der ersten Opfer am Ort. Ist das hart, sagten die einen, das einzige Kind hergeben zu müssen... Wenn ein paar Geschwister da sind, kann man sich leichter trösten. – So geht es, wenn man nur eines haben will, sagten andere. Wenn etwas passiert, ist gleich alles verloren...

Die Eltern, so unerwartet um all ihre Hoffnungen getäuscht, waren der Verzweiflung nahe. Monatelang mußte die Frau in einem Sanatorium in Behandlung sein, um nicht in Schwermut zu versinken – zum Selbstmord zu kommen. Dann erwachte brennend die Sehnsucht nach einem anderen Kind. Je länger, je mehr. Doch die Zeit verging – und es kam keines mehr. Sie gingen zum Arzt, fuhren in die Landeshauptstadt zu bekannten Professoren – der Kindersegen blieb aus. Nachdem sie jahrelang mit allerhand chemischen und technischen Mitteln die Empfängnis verhütet hatten, trat nun einfach keine mehr ein.

Da möchte ich aber doch anfügen: Man darf auch heute nicht vorschnell sein mit dem Urteil, wenn irgendwo in einer Familie nur ein Kind ist. Ich habe selbst zwei Mütter hier, die brennend gern mehr als das eine Kindlein haben möchten, aber einfach keine mehr bekommen.

Wie der Schmied seine Frau verteidigt

Am Ende des Dorfes, dem Waldhof zu gelegen, steht die Schmiede. Es ist das letzte Haus. Aber nicht das geringste. Der Schmied, der nebenbei etwas Landwirtschaft betreibt, hat ein gutes Geschäft, besonders weil er auch für die Fabrik arbeitet. In einem großen Betrieb ist ja immer etwas zu tun. Neuerdings hat er neben der Schmiede noch einen Anbau errichtet mit Ersatzteilen für Autos und hat sich einen Gesellen zugelegt, der auf dem Gebiet besonders eingeschafft ist. Er ist ein tüchtiger Mann.

Leider aber auch durch und durch so hart und vierschrötig, wie es seine Arbeit erfordert. Seiner Frau geht es nicht besser als seinem Amboß. Die fünf Kinder verkriechen sich scheu in alle Winkel, wenn der Vater aus der Schmiede kommt, getrauen sich kaum zu atmen, geschweige denn ein lautes Wort zu sprechen. Es könnte sonst gleich ein Donnerkeil dazwischenfahren, daß die Funken sprühen. Dem Vater in die Hände zu geraten, ist eine höchst ungemütliche Sache. Das weiß selbst der zweijährige Jakob schon. Wenn es dem Vater noch lange nicht ernst ist, gibt es schon schwarze Flecken und blaugrüne Male, wo seine Hände zufassen.

Seine Frau paßt nicht zu ihm. Nicht nur äußerlich gesehen ist sie mit ihrem schmalen zarten Wesen das Gegenstück zu seiner robusten Erscheinung. Auch seelisch sind bei ihr die Saiten so zart und fein gespannt, daß es allemal in den schrillsten Disharmonien ausklingt, wenn seine harte Faust hineingreift. Das geschieht leider sehr oft. Für die Frau war die Ehe eine ununterbrochene bittere Enttäuschung. All ihr scheues Hoffen und zartes Erwarten lag schon nach der ersten Nacht zersplittert. «Mir ging es wie einem Kind, das mit heißen Händchen nach den blitzenden Kugeln am Weihnachtsbaum greift und nach den brennenden Lichtern. Welch ein Hoffen und Glückserwarten, und im nächsten Augenblick nichts als Scherben, – erloschenes Licht und verbrannte Hände.» So hat sie mir einmal selbst geklagt. «Und nun liegt das Leben so grau und tot vor mir ... nur die Kinder sind noch ein wenig Licht und Freude. Die armen Kinder, die ich heimlich immer trösten muß über des Vaters Härte ...» Eben kommt wieder so ein Kindlein an, das sechste. Die Mutter klagt und weint schon lange nicht mehr über ihr Geschick. Ganz still ist sie geworden unter der unentrinnbaren Last ihres Kreuzes. Kein Fünklein Freude hat mehr einen Platz in ihrer Seele. Umsonst versucht es die treue Magd, ihren Lebensmut wach zu halten, da sie den Kindern doch so unentbehrlich ist. Ruhe ... nur einmal Ruhe ... das ist alles, was noch in ihr widerklingt. War es ein Ahnen des Kommenden, das schon auf ihrer Seele lag ...

Acht Tage nach der Geburt ging sie unverhofft ein in die ewige Ruhe. Eine Herzschwäche hatte ihrem Leben ein Ende gesetzt.

Sechs kleine Kinder, von denen das älteste zehn Jahre zählte und das kleinste acht Tage, blieben als Waisen zurück. Mit der Mutter war das letzte und einzige Licht in ihrem Leben erloschen. Hart und kalt und herzlos war alles, was noch rund um sie her übrigblieb ...

Doch nein, eine treue Seele war da, die sich ihrer annahm: die Magd. Mit einer rührenden Selbstverständlichkeit trat die einfache schlichte Seele an die Stelle der Mutter den Kindern gegenüber. Sie entbehrten nicht nur nichts, sie lernten sogar wieder lachen. Denn die Magd nahm das Leben nicht so schwer, wie es die Frau genommen hatte. Sie war von anderer Art und konnte eher einen ordentlichen Puff vertragen. Sie brauchte sich auch weniger gefallen zu lassen – eben weil sie nicht die Frau war – und puffte beizeiten zurück. Sie hatte die so bittere Enttäuschung in der Liebe nicht mitgemacht, nahm die Vierschrötigkeit des Schmiedes in Kauf, wie sie nun einmal war.

Nach einem halben Jahr aber sagte die gute Emma zu mir: «Es geht in Gottes Namen nicht länger. Ich kann nicht mehr in dem Haus bleiben – der Schmied hat andere Gedanken. So muß ich zum Ersten mein Bündel packen. Wenn nur die Kinder nicht wären ... aber die armen Dingerchen dauern mich so arg. Wie wird es ihnen dann wieder gehen?»

Der Abschied von den Kindern fiel ihr schwer, daß sie es gar nicht fertig brachte, es ihnen zu sagen. Die zwölf Händlein, die hielten so fest ... So liefen die armen Schmiedekinder drei Tage lang im Ort herum und suchten nach ihrer Emma, bis sie begriffen, daß sie nicht mehr kam. Nun erst fühlten sie sich wirklich verwaist. Und es ging, wie wir es befürchtet hatten. Keine Magd blieb länger als vier Wochen im Haus. Der Schmied wurde in seinem Ärger immer grober und gewalttätiger. Bald wußte er überhaupt niemanden mehr zu bekommen. Die Kinder verlumpten und verwahrlosten schlimmer als fahrender Leute Nachwuchs, daß sich die Bezirksfürsorgerin genötigt sah, einzugreifen.

Da gingen dem Schmied die Augen doch ein wenig auf. Er war durchaus nicht so, daß ihm das einerlei gewesen wäre. Und nun raffte er sich auf und tat das einzig Vernünftige in seinen Verhältnissen: er fuhr zu der Emma und bat sie, seine Frau zu werden. Um Gottes Barmherzigkeit willen – der Kinder wegen. Er sei ja ein grober Flegel, das wisse er wohl. Aber sie wären doch immer zusammen ausgekommen, und sie wisse ja, wie man ihn nehmen müsse. Wenigstens habe sie das früher gewußt. Und wenn noch mehr Kinder kämen, er wolle gewiß keinen Unterschied machen ... wäre auch schon imstande, noch ein halb Dutzend zu ernähren, wenn es sein müßte ... Also da brauche sie keine Angst zu haben, er wolle nur eine rechte Ehe ... Wenn er auch so grob sei wie sein Handwerk, ein schlechter Kerl sei er trotzdem nicht ...

Zwölf Händlein sah Emma bittend nach sich ausgestreckt. Zwölf traurige Kinderaugen sollten wieder aufleuchten im Glück der Mutterliebe, sechs Menschenseelen bewahrt werden vor Verelendung ... vor dem Untergang vielleicht ... sechs Kinder erzogen werden zu tüchtigen Menschen ... Sie sagte zu – der Kinder wegen. Sie brachte es nicht über das Herz, sie im Elend zu lassen. Illusionen machte sie sich keine. Das hat sie mir gesagt. Sie wußte, daß es mit dem Mann manchmal hart angehen würde, daß auch sie oft, sehr oft die Zähne würde zusammenbeißen müssen, trotz ihrer anderen Art. Wenn sie auch sagte: «Auf einen groben Klotz gehört ein grober Keil! Pufft er her, so puffe ich hin ...», sie wußte ganz gut, daß das in der Ehe letzten Endes nicht so einfach ist. Daß gerade in den intimsten Beziehungen der Gatten zueinander die Frau machtlos ist gegen Roheiten des Mannes, daß sie auch sonst mit Rücksicht auf die Kinder würde viel einstecken müssen, ohne zurückzupuffen, um die Achtung der Kinder vor dem Vater zu erhalten und seine Autorität nicht zu untergraben.

Nach drei Wochen schon war Hochzeit. Die Kinder bis zum zweijährigen Jakob gerieten außer Rand und Band vor Freude, als sie hörten, das «ihre Emma» wieder zu ihnen komme. Ich hatte es übernommen, sie zum Empfang herzurichten und an die Bahn zu führen. Da fiel mir am letzten Tag auf, daß die beiden größeren Mädchen, die neunjährige Lina und die siebenjährige Lotte, anders waren als sonst. Scheu und gedrückt, verängstigt ... wie weggewischt schien die Freude. Was war da nur geschehen? Wir hatten die Kinder ein Sprüchlein gelehrt zum Empfang, ihrer Seelenstimmung entsprechend, an ihre liebe Emma gerichtet, die nun wieder zu ihnen kam. Nichts stand darin von einer neuen Mutter. «Das wird sich von selbst ergeben aus dem Verhältnis der Kinder zu ihr», sagte der Oberlehrer. «Warum sie vorher mit neuen Begriffen stutzig machen? Die Liebe wird sie bald lehren, zur Emma Mutter zu sagen ...»

Wie ich nun die Mädchen den Spruch nochmals repetieren lassen will, trotzt die Lina auf: «Es ist ja gar nicht mehr unsere Emma, die kommt... sondern eine Stiefmutter... die verhaut uns jetzt auch... alle Leute sagen es... ich mag sie gar nicht mehr leiden...»

Ehe ich mich von dieser Überraschung erholt hatte, schmiegte sich der elfjährige Fritz an mich an: «Gelt, das ist alles nicht wahr? Die Emma bleibt unsere Emma – wenn sie auch dem Vater seine Frau wird – deswegen ist sie dann doch nicht böse mit uns...»

Natürlich die lieben Nachbarsleute! Fast das halbe Dorf hatte daran mitgearbeitet, die Kinder so ohne jeden Grund gegen die neue Mutter aufzuhetzen. Nun erfuhr ich es. Seit Tagen war es zur ständigen Drohung geworden. «Wartet nur, wenn nun die Stiefmutter kommt, da wird es euch vergehen, so umherzustrolchen!»

«Die Stiefmutter wird euch den Brotkorb hoch hängen. Da gibt es mehr Schläg' als zu essen...»

Diese unverantwortliche und ganz unbegründete Stellungnahme der Nachbarschaft gegen die Stiefmutter hielt auch an, als die Hochzeit vorüber war. Emma hatte einen schweren Stand. Von allen Seiten wurde sie mißtrauisch beobachtet, jeder fühlte sich berechtigt, der Stiefmutter dreinzureden, die Kinder dauernd aufzustacheln. Jede noch so notwendige Erziehungsmaßnahme – bei den halb verwilderten Kindern – wurde sofort als stiefmütterliche Unterdrückung und schlechte Behandlung umhergeschrien und den Kindern selbst von anderen auch so gedeutet. Sogar an das Jugendamt kamen anonyme Anzeigen. Obwohl die Kinder nie so gute Tage hatten wie nun, obwohl eine rechte Mutter nicht besser mit ihnen hätte sein können. Als eines Tages bekannt wurde, daß Emma ein Kindlein erwartete, erreichte die Hetze ihren Höhepunkt. Man schämte sich auch jetzt nicht, die Kinder mit hineinzuziehen. «Nun werdet ihr erst sehen, wie es wird... wenn sie nun eigene Kinder bekommt...»

Bitterlich weinte die arme Mutter bei mir. So schwer hatte sie sich die Sache doch nicht gedacht. «Wenn nur die anderen uns in Ruhe ließen und sich um ihre eigenen Verhältnisse kümmerten! Es wäre alles so lieb und gut gewesen bei uns. Und nun machen sie eine Erziehung der Kinder direkt unmöglich, indem sie immer aufhetzen... es kann so nicht mehr weitergehen...»

«Was sagt denn Ihr Mann dazu?»

«Ich glaub', der merkt es gar nicht. Der ist froh, wenn er Ruhe und Ordnung im Haus hat... dem greift so schnell nichts an die Seele.»

Da habe ich dem Schmied einmal Bescheid gesagt. Das hat ihm dann doch an die Seele gegriffen. In der Schmiede lagen seit drei Wochen drei Kinder an Scharlach krank, und Emma pflegte sie Tag und Nacht mit einer Liebe und Treue, die auch dem Vater nicht entgangen war. Der war nicht übel überrascht. «So, da will's hinaus! Hab' mir manchmal gedacht, was wollen die Leute nur, wenn die so da herum reden… ich sollte auch achtgeben wegen der Emma.

Bin schon bald jaloux geworden darum… Soll mir noch einmal einer das Maul aufmachen…»

Ein paar Tage später saßen die Männer im «Hirsch». Man sprach von dieser und jenem, und der Oberlehrer sagte:

«Ihr habt das große Los gezogen, Schmied. Eure Kinder sind ganz andere Menschen geworden. Wenn man sie heute in der Schule sitzen sieht – gegen früher! Ist eine rechte Freude, wie sie aufgetaut sind und vorwärtskommen.»

«Ist aber doch die Stiefmutter – und wenn nun gar ein eigenes Kind kommt…» Der hämisch Sprechende hatte kaum begonnen mit seiner Bemerkung, da hatte ihn der Schmied auch schon am Kragen gepackt, schüttelte ihn, daß ihm alle Sünden einfielen… hielt ihm seine Hammerfaust unter die Nase…

«Kreuz Türken! Wenn noch einmal einer im Ort sein Maul auftut gegen meine Frau… alle Backenzähne soll er auf einmal verschlucken, so wahr ich Max heiße! Jetzt habe ich genug von der Stiefmutter! Und allen Weibermäulern geht es nicht besser… soll mir nur eine unter die Hände kommen! Wenn eure Frauen halb so gute Mütter wären, wie meine Emma mit den Stiefkindern ist, hätten sie keine Zeit zu solchem verlogenen Getratsche… Geht nur heim und sagt es ihnen.» Und er warf einen um den anderen zur Wirtschaft hinaus, soweit sie es nicht vorgezogen hatten, allein zu verschwinden. Dann ging er mit dem Oberlehrer heim. «So, jetzt wissen sie, woran sie sind! Wurmt mich schon seit Tagen…»

An die Schmiedsfamilie getraute sich niemand mehr heran. Heimlich, ganz heimlich paßte man wohl noch auf… beobachtete mit Argusaugen… und fand doch nichts. Das Kleine kam. Die Geschwister freuten sich an ihm und hüteten es sorglich und treu. Auch der Fritz mußte zuweilen Kindsmagd sein, obwohl er seit Ostern in die Stadt auf die Realschule ging. – Natürlich, weil er das Stiefkind ist, dachten die lieben Ortsbewohner. Zu sagen getrauten sie es nicht mehr. Die Mutter aber sagte:

«Auch der Bub' soll es lernen, mit so einem Kleinen umzugehen und sorglich auf es zu achten. Er soll sich beizeiten gewöhnen, mit brüderlicher Aufmerksamkeit seine Schwester zu betreuen. Wenn er später einmal heiratet, so weiß er dann auch, wie das ist, und wird die Arbeit und Mühe seiner Frau richtig schätzen, wird ihr helfen können, wenn es einmal not tut…»

Das böse Lied von der Stiefmutter!

Wieviel unnötiges Leid hat es schon in Kinder- und Mutterherzen gebracht. Wie oft schon hat es die Erziehung eines Kindes gehemmt oder gar unterbunden, wie oft einer Mutter das Leben verbittert, wie oft schon eine Frau abgehalten, verwaisten Kindern Mutter zu werden! ...

Es gehört mehr Liebe dazu, Kinder anzuheiraten, als Kinder zu bekommen. Mehr Idealismus, mehr Opferbereitschaft. Ist es recht, mit alten Vorurteilen da hindernd und hemmend dazwischenzutreten? Wäre es nicht vielmehr unsere Pflicht, sie zu beseitigen? Wie viel Leid entsteht erst durch sie, das sonst nicht da wäre! Ein Kind, das aufgehetzt und verbittert wird, setzt der Mutter allen denkbaren Widerstand entgegen, zwingt sie zu Erziehungsmaßnahmen damit, die anderenfalls nicht nötig wären – und so steigern sich Erbitterung und Enttäuschung immer mehr. Die Tatsache, daß es zuweilen ungute Stiefmütter und Stiefväter gibt, berechtigt uns nicht zu einem allgemeinen Schluß. Es gibt auch schlechte Mütter und Väter. Zumeist sind es auch nicht die in einer zweiten Ehe angeheirateten Kinder, die nicht gut behandelt werden, sondern die von einem Teil mit in die Ehe gebrachten vorehelichen Kinder. Das möge man einmal ernstlich bedenken.

Ich kenne Stiefmütter, von denen gar niemand weiß, daß sie es sind. Ein Beweis dafür, daß es sich nicht notwendig in ihrem Verhalten dem Kind gegenüber offenbart. Und ich möchte mein Tagebuch nicht schließen, ohne auch ein Blatt der Anerkennung den zweiten Müttern gewidmet zu haben – denen, die es wagen, verwaisten Kindern Mutter zu sein.

Inhaltsverzeichnis

Weiterführende Literatur von Christa Meves

ICH WILL LEBEN

Briefe an Martina — Probleme des Jugendalters

Dies ist eine Schrift, die junge Menschen zu einem verantwortungsbewußten Leben ruft. Hier wird ohne fromme Worte eine innere Haltung vermittelt, die ihre Ausstrahlung bis in die junge Partnerbeziehung hat, besonders im Blick auf das voreheliche Intimverhalten. Speziell für junge Menschen schreibt die Psychagogin dieses klare wegweisende Wort in aller heute gebotenen Offenheit.

WER PASST ZU MIR?

Der Lebenspartner — Wahl oder Qual?

Junge Menschen fragen nach dem geeigneten Lebensgefährten. Dabei über eigene und andersartige Charakterstrukturen nachzudenken, ist kein leichtes Thema. «Den absolut passenden Partner gibt es nicht; es gibt nicht den Supermenschen mit gottähnlichen Zügen, von dem wir träumen», schreibt die Psychagogin Christa Meves. Blockierten Ehepartnern wird dieses Nachdenken Wege ebnen zur Erneuerung ihrer Gemeinsamkeit.
Die Darlegungen helfen denkenden Menschen vor der Ehe und korrigieren junge Paare in der Ehe. Eine wichtige Ergänzung zum Thema stellt das Schlußkapitel dar: «Alleinbleiben als Aufgabe». Darüber hinaus wird die Charakterstudie und Typenlehre dieser Schrift Lehrern, Pfarrern, Eheberatern, Jugendleitern und Eltern eine wertvolle Hilfe sein.

ERZIEHUNG ZUR REIFE UND VERANTWORTUNG

Beiträge zu Fragen der Lebensführung

Aus dem Inhalt: Das Lustprinzip und wir – Charakterliche Reifung und verfehltes Konsumverhalten – Zwischen Erstarrung und Veränderungswahn – Gesunde geschlechtliche Erziehung – Verhängnisvolle Aufklärungsdiktatur.

Weißkreuz-Verlag, CH - 5724 Dürrenäsch, Lindhübelstr. 45
Verlag des Weißen Kreuzes, D - 3500 Kassel, Am Rain 1

Christa Meves

CHANCEN UND KRISEN DER MODERNEN EHE

Um unsere Grundwerte

Mit hohen Idealen oder verträumten Illusionen gehen vielen Paare in die Ehe. Wird menschliche Tragfähigkeit auf Dauer gegeben sein oder werden schwerwiegende Probleme unvermeidlich aufbrechen? Manchmal sind die Konflikte der Partnerschaft vorprogrammiert, und nicht selten tragen Umwelteinflüsse, Charakterschwierigkeiten und modische Verhaltensweisen dazu bei, Krisen und Spannungen zu erzeugen.
Der Prozeß der gegenseitigen Anpassung erfordert ein Stück notwendiger Bemühung und ein beträchtliches Maß an Arbeit aneinander. Nur gemeinsam wird man unter Verzicht und Opfer erreichen, daß die Ehe ein Quellgebiet der Freude und der Tragkraft wird, nicht verbissener Geschlechterkampf.

G. Naujokat

Christa Meves

WER WIRFT DEN ERSTEN STEIN?

Am Leben lernen – im Leiden reifen

Die Seelenwüste der Welt wächst. Immer mehr Menschen wird das bewußt; sie werden ratlos und fragen bang, wie es wohl weitergehen möge, selbst wenn sie noch nicht zu den Leidenden der Verwüstung gehören. Unser Leben wird nur gesunden, indem wir Verantwortung übernehmen und Schritt für Schritt, Tag für Tag menschliche Hybris, modische Maßlosigkeit bekämpfen und die Maßstäbe, die Gott setzt, wieder erkennen.
Der Weg der Neuzeit ist an eine scharfe Gabelung geraten. An den Irrwegen der Vergangenheit können wir lernen, daß es eine Zukunft geben kann, wenn wir nicht irgendeine handgestrickte Schlaraffenlandtheorie zum Götzen erklären, sondern wenn wir es – Gott zuliebe – mit dem Lieben ganz ernst nehmen.

Christa Meves

Römhild / Mumm / Naujokat

VOM SINN GESCHLECHTLICHER PARTNERSCHAFT

Eine geistliche Wegweisung zum Problem der Homosexualität

Dies ist nicht nur eine Schrift für Betroffene. Eltern und Erzieher sollten sie rechtzeitig lesen, um verstehen, vorbeugen und helfen zu können. Störungen der Persönlichkeit und der seelischen Reifung können durch erzieherische Einflüsse hervorgerufen oder begünstigt werden. Unbewußt werden Eltern oft schuldig an der sexuellen Fehlentwicklung ihrer Kinder. Das seelische Werden eines Menschen hängt eng zusammen mit der Bejahung seiner schöpfungsmäßig vorgegebenen geschlechtlichen Wesensart.

Weißkreuz-Verlag, CH-5724 Dürrenäsch, Lindhübelstraße 45
Verlag des Weißen Kreuzes, D-3500 Kassel, Am Rain 1